Arnoldshainer Texte – Band 60

Schriften aus der Arbeit der
Evangelischen Akademie Arnoldshain

Arnoldshainer Texte

Schriften aus der Arbeit der Evangelischen Akademie Arnoldshain

Herausgegeben von Walter Bechinger, Jens Harms, Doron Kiesel, Dietrich Neuhaus, Karl-Martin Schönhals, Leonore Siegele-Wenschkewitz, Ulrich O. Sievering, Dietrich Stuhrmann

Arnoldshainer Texte – Band 60

Matthias Schmidt-Ohlemann /
Jens Harms (Hrsg.)

Soziale Netzwerke und Regionalisierung – Perspektiven für Behinderte

HAAG + HERCHEN Verlag

CIP-Titelaufnahme der Deutschen Bibliothek

Soziale Netzwerke und Regionalisierung – Perspektiven für Behinderte / Matthias Schmidt-Ohlemann; Jens Harms (Hrsg.). – Frankfurt am Main : Haag und Herchen, 1990
(Arnoldshainer Texte ; Bd. 60)
ISBN 3-89228-419-9
NE: Schmidt-Ohlemann, Matthias [Hrsg.]; GT

ISSN 0720-9177
ISBN 3-89228-419-9

Produktion: R. G. Fischer Verlagsbüro,
Frankfurt am Main
Herstellung: Boscolo & Königshofer, Karlsruhe
Printed in Germany
Verlagsnummer 1419

INHALTSVERZEICHNIS **SEITE**

V O R W O R T

Der Anteil körperlich beeinträchtigter und behinderter Menschen an der Gesamtbevölkerung ist weit größer, als man dies bisher vermutet hatte. Die Folgen von chronischen Krankheiten und Unfällen führen dazu, daß dieser Anteil auch in Zukunft nicht kleiner werden wird; ebenfalls bleibt die Zahl der von Geburt an schwerst- oder mehrfach-behinderten Menschen in gleicher Größenordnung.

Veränderungen gibt es jedoch in den Vorstellungen der Betroffenen und ihrer Angehörigen über die gewünschten und angemessenen Lebensformen und Lebenskonzepte: der Wunsch nach mehr Selbstbestimmung und Autonomie wird sowohl von leichter Behinderten wie auch von Schwerstbehinderten immer dringlicher geäußert. Differenzierte Wohnformen, wohnortnahe Versorgung, ambulante Pflege sind Stichworte einer Diskussion, die über die traditionelle Lebensalternative von Behinderten: Familie oder Heim, hinausweist.

Allerdings wurde diese Diskussion bislang vorwiegend in Betroffenen-Gruppen und Selbsthilfe-Verbänden geführt; die traditionellen Institutionen der Behinderten-Versorgung und auch die fachwissenschaftliche Öffentlichkeit haben Bestrebungen und Planungen in Richtung "neuer Lebensformen für Behinderte" nur zögernd aufgenommen und rezipiert.

Eine der "klassischen" Anstalten dieses Arbeitsfeldes, die Rehabilitationseinrichtung für Körperbehinderte der Diakonie-Anstalten Bad Kreuznach, hat - 100 Jahre nach ihrer Gründung - Planungen zur Regionalisierung und Differenzierung ihrer Arbeit begonnen. Zusammen mit der Ev. Akademie wurde versucht, im Rahmen einer Studientagung fachwissenschaftliche und fachpraktische Aspekte des Problems "Soziale Netzwerke behinderter Menschen in der Region" zusammen zu diskutieren. Wissenschaftler, Betroffene, Praktiker aus der Körperbehinderten-Arbeit, Behördenvertreter und Sozialpolitiker konnten miteinander in Dialog treten, Positionen beziehen und andere Positionen kennenlernen.

Die im vorliegenden Band publizierten Aufsätze sind die redaktionell überarbeiteten Referate dieser Tagung, und dokumentieren damit auch - an einem Beispiel prototypisch dargestellt - den derzeitigen Stand der Sozialplanung in diesem Bereich sozialer Arbeit.

Matthias Schmidt-Ohlemann Jens Harms

SOZIALE NETZWERKE IN EINER REGION
- SOZIOLOGISCHE ASPEKTE UND KONZEPTE EINER WOHNORT-NAHEN VERSORGUNG BEHINDERTER MENSCHEN

Uwe Schiemann

Das gestellte und für diese Tagung leitende Thema: "Perspektiven für behinderte Menschen - Leben und Lebenschancen von körperbehinderten Menschen in einer Region" ist ebenso grundsätzlich wie vielschichtig, so daß für meinen Themenbereich eine Reihe von Aspekten sehr verkürzt beleuchtet und andere ganz weggelassen werden müssen.
Die leitende Fragestellung meines Referates lautet:

Wie können die großen Institutionen und Anstalten mit ihren traditionellen Strukturmerkmalen unter Veränderungs- und Anpassungsdruck Hilfen für behinderte Menschen in einer Region weiterentwickeln?

Gesellschaftlicher Wandel und gesellschaftliche Krisen betreffen die Sozialpolitik im allgemeinen und im besonderen behinderte Menschen als Randgruppe dieser Gesellschaft. Beispiele dafür sind: Veränderungen der Formen der Produktion und Arbeitsorganisation in Verbindung mit neuen Technologien und daraus resultierend die Arbeitsplatzsituation behinderter Menschen; Änderungen in der Sozialgesetzgebung, z.B. das Gesetz zur Reform des Gesundheitswesens, das behinderte Menschen in besonderer Weise belastet; und nicht zuletzt die Änderung des BSHG § 3a mit dem Vorrang ambulanter Hilfen vor stationärer Versorgung.

Die letztgenannte Veränderung fordert von den Trägern der Angebote und Hilfen für behinderte Menschen in nächster Zukunft hohe Anpassungsleistungen.

Dies in zweierlei Weise:
Zum einen erfordert dies Strukturveränderungen der jetzt bestehenden Angebots- und Hilfeleistungen in Richtung regionalisierter Angebote und Hilfen.

Zum anderen verschärfen sich die Problemlagen in den großen Institutionen und Anstalten. Ein Beleg dafür sind die vielen Themenstellungen in den Fachzeitschriften in den letzten Jahren. Hieraus eine kleine Auswahl:

- Abbau der Institutionenkultur
- Abbau zentralistischer Organisationsstrukturen
- Professionalisierung und Spezialisierung und das Phänomen "Burn out"
- Personalbemessung
- Hohe Pflegesätze und geringe Lebensqualität.

Wenn die Entwicklung offener Formen der Behindertenhilfe mit Nachdruck betrieben werden soll, müssen Träger und Kostenträger ihre bestehenden Positionen weitgehend überdenken. Dies wird durch eine Reihe von hier nur beispielhaft anzusprechenden soziologisch faßbaren Bedingungen erschwert.

Bei den freien Trägern kann man vermuten, daß institutionelle und organisatorische Eigeninteressen dazu beitragen, daß ein den Bedürfnissen und Problemlagen behinderter Menschen adäquates Angebot offener Hilfen dadurch verzögert wird, daß Ressourceneinbußen befürchtet werden.

Ein Beleg dafür ist die historisch gewachsene zentralistische Versorgungsstruktur einer Großeinrichtung mit eigener Wäscherei und Großküche, die gleichzeitig in der Region Wohnhäuser für Wohngruppen behinderter Menschen anbietet. Eine solche Einrichtung unterliegt der Versuchung, bestehende Strukturen der Versorgung auf die Region zu übertragen. Das wichtigste Ziel ist die Bestandserhaltung der Organisation und deren Besitzstandswahrung. Dies wird dann vielfach zum zentralen Orientierungspunkt der internen und nach außen gerichteten Entscheidungsprozesse.

So kann der Eindruck entstehen, daß behinderte Menschen für die Interessen der Organisationserhaltung instrumentalisiert werden.

Bei den Kostenträgern kann begründet angenommen werden, daß die historisch gewachsene Verrechtlichung der Hilfeangebote weiter ausdifferenziert zunimmt. Das bedeutet: Immer mehr Hilfe ist per Gesetz oder Verordnung definierter Tatbestand und wenig bedürfnisorientiert an die individuellen Notlagen behinderter Menschen geknüpft. Erschwerend wirkt dabei, daß auf Länderebene und bei den verschiedenen Kostenträgern unterschiedliche Verordnungen bestehen. Herausragendes Beispiel hierfür ist die Mobilität behinderter Menschen. Die Benutzung von Sonderfahrdiensten, Taxen und öffentlichem Nahverkehr zur Überwindung eingeschränkter Mobilität behinderter Menschen wird von den Kostenträgern so unterschiedlich gehandhabt, daß weitere Ausführungen an dieser Stelle nur zu Verwirrungen der Situation beitragen würden, anstatt eine gewisse Leitlinie erkennbar werden zu lassen.

Weiterhin ist von Bedeutung, daß notwendige gleitende Übergänge bei den Hilfeangeboten durch bestehende Abgrenzungen örtlicher und überörtlicher Sozialhilfeträger in nächster Zeit kaum realisierbar sind. Zuständigkeitsfragen dominieren bei den Kostenträgern: damit werden Veränderungen der Betreuungsformen sowie die Entwicklung eines flexiblen Betreuungsangebotes verhindert. Die Träger stationärer Arbeit müssen in die Lage versetzt werden, gleitende Übergänge aus der Vollzeitbetreuung hin zu offenen Betreuungsformen sicherzustellen.

Solange das BSHG festschreibt, daß die Zuständigkeit der jeweiligen Sozialhilfeträger (BSHG §§ 100 i. Vbg. m. § 103) unverändert bleibt, ist das Problem der gleitenden Übergänge nicht gelöst.

Entgegen der Annahme, daß Vorurteile und fehlende Integrationschancen die zentralen Bestimmungsgründe für nicht realisierte soziale Teilhabe behinderter Menschen sind, muß festgehalten werden, daß auch die Organisationen, die für behinderte Menschen tätig sind, aufgrund ihrer spezifischen Interessenlagen dazu beitragen können, Entwicklungen zu offenen, flexiblen Formen der Hilfen für behinderte Menschen zu verzögern. Ob diese sozioökonomisch bedingten Interessen unmittelbare Voraussetzung für eine soziale Bewertung von Behinderung sind, soll hier offen bleiben. In jedem Fall ist Behinderung immer auch Gegenstand sozialer Bewertung in einer Gesellschaft.

Die aus diesen sozialen Bewertungen resultierenden bedeutenden Konzeptionen der Behindertenarbeit sollen im folgenden einer näheren Betrachtung unterzogen werden, auch oder besonders deshalb, weil noch im Jahre 1989 viel Gegensätzliches im Raume steht, das wenig dazu beiträgt, die Lage behinderter Menschen zu verbessern. Dazu soll als erstes das Konzept der Normalisierung als Perspektive der Behindertenarbeit vorgestellt werden (1). Desweiteren wird die Notwendigkeit einer theoretischen Fundierung dieses Konzepts aufgezeigt (2), um abschließend auf die Bedeutung sozialer Netzwerke in diesem Zusammenhang hinzuweisen (3).

1. Das Konzept der Normalisierung als Zielperspektive der Hilfen für behinderte Menschen

Die Lebensbedingungen und Rehabilitationsangebote für behinderte Menschen, nicht nur der auch im folgenden stark betonten Gruppe Körperbehinderter, werden auch in der BRD zunehmend unter der Perspektive der "Normalisierung" betrachtet und bewertet, wobei "Normalisierung" teils als Ergänzung, teils aber auch als Gegenposition zur Zielperspektive der "Rehabilitation" verstanden wird.

In der internationalen Fachdiskussion über Hilfen für behinderte Menschen hat sich in den letzten 25 Jahren das "Normalisierungskonzept" als zunehmend allgemein anerkannte Zielsetzung für die Reform der verschiedenen Hilfssysteme durchgesetzt. Das Normalisierungskonzept läßt sich in der Forderung zusammenfassen, allen behinderten Menschen zu ermöglichen, ein möglichst normales Leben zu führen. Es wurde Ende der 50er Jahre von dem Dänen Bank-Mikkelsen, Jurist in der staatlichen Sozialverwaltung, in die Diskussion eingebracht, später in Schweden und Nordamerika rezipiert und weiter ausformuliert. Heute spielt es in der sozialwissenschaftlichen Diskussion über Zielperspektiven der Behindertenhilfe in der Bundesrepublik Deutschland eine zentrale Rolle als relativ unangefochtene Leitvorstellung (vgl. Haaser 1975, Thimm 1984, Thimm u.a. 1985). Auch im Bereich der Einrichtungen für behinderte Menschen des Diakonischen Werkes der Ev. Kirche ist das Normalisierungskonzept seit mehreren Jahren ein Leitthema der Diskussionen um die Zukunft der eigenen Arbeit.

Für viele körper- und mehrfachbehinderte Menschen geht es im wesentlichen noch heute darum, die klassische Vollversorgung einer Anstalt oder eines Wohnheimes verlassen zu können. Erforderlich sind Einzel- oder Gruppenwohnungen, ein differenziertes Dienstleistungsangebot von Hilfen in einer selbstbestimmten Umgebung unter Verwandten, Freunden und Nachbarn, so daß den behinderten Menschen damit ermöglicht wird, weitgehend normal unter uns zu leben.

Das Normalisierungskonzept bedeutet also, die Lebensbedingungen und Chancen behinderter Menschen weitgehend normal zu gestalten bzw. möglichst den Lebensbedingungen nicht behinderter Menschen anzugleichen, um auch behinderten Menschen ein weitgehend normales Leben zu ermöglichen.

Hierüber hat es in der Diskussion gelegentliche Mißverständnisse gegeben, die auch im Jahre 1989 anhalten. So formulierte der Bundesvorsitzende des Spastikervereins kürzlich bei einer Festansprache in Hamburg zum Thema "mehrfachbehinderte Menschen":

"Angesichts der Schwere der Behinderung, die die Menschen, um die es hier geht, durch ihr Leben zu tragen haben, fällt es uns leichter als sonst, den Begriff der Normalisierung einmal beiseite zu lassen, der so gut gemeint ist und der so weit in die Irre führt. Normalität bedeutet hier Lebenslüge. Worum es geht, ist etwas anderes. Mit Phantasie und Liebe, Geduld und Hartnäckigkeit die eigentlichen Bedürfnisse, Wünsche und Fähigkeiten dieser Menschen herauszufinden und ihnen dabei zu helfen, ihre Individualität zu finden. Es geht also nicht um Normalisierung, sondern um Individualisierung " (Dörr 1989).

Die skandinavische Vorstellung von Normalisierung, die die dortige Sozialgesetzgebung und Praxis weitgehend bestimmt, ist dagegen eindeutig: "... it is the <u>life</u> of the handicapped which is to be normalized, it is not the handicapped, who are to be made normal" (National Board 1979: 30, Unterstreichung im Original). In verschiedenen Veröffentlichungen wird das Normalisierungskonzept konkretisiert durch die Aufzählung von Lebensbereichen, in denen die Bedingungen für behinderte Menschen an diejenigen für nichtbehinderte anzugleichen sind. Dabei werden in der Regel die räumliche Trennung des Wohnbereiches von dem Bereich der Tagesbeschäftigung erwähnt. Der Auszug von Kindern, die das Erwachsenenalter erreichen, aus dem Elternhaus; die Bereitstellung von Schulbildung für Kinder und Jugendliche bzw. von Arbeit für Erwachsene; die Gewährung von Renten und ähnlichen Unterstützungen im Falle von Arbeitsunfähigkeit; ein normaler Tages-, Wochen- und Jahresrhythmus, der Feierabend, Freizeit und Ferien ebenso wie Feste einschließt; schließlich das Leben in einem zweigeschlechtlichen Milieu mit der Möglichkeit, sexuelle Kontakte aufzunehmen bzw. ggf. auch längerfristige Bindungen oder Ehen einzugehen (vgl. Thimm u.a. 1985: 6 ff).

Selbst wenn bei mehrfachbehinderten Menschen zunächst nur ein Teil der aufgezählten Lebensbedingungen geschaffen werden könnte, so ist zumindest im Gegensatz zu Dörr zu konstatieren, daß dies einer notwendigen Individualisierung von Bedürfnissen und Fähigkeiten in keiner Weise entgegensteht.

Mit anderen Worten: dies sind keine Gegensätze. Hier führt auch nichts in die Irre, sondern beide Prinzipien werden sich sinnvoll ergänzen.

Die weitreichenden und grundlegenden Umorientierungen in der professionellen Behindertenhilfe, die aus dem Normalisierungskonzept abgeleitet und legitimiert werden, stehen in einem merkwürdigen Widerspruch zur theoretischen Unbestimmtheit dieses Konzepts. Eine Einordnung in persönlichkeitstheoretische oder soziologische Bezugsrahmen wird in der Regel nicht versucht bzw. von einigen Autoren sogar explizit für unnötig erklärt. Konsequenterweise verzichten dann auch Thimm u.a. (1985) ausdrücklich darauf, eine "grundsätzliche theoretische Abklärung zum normativen Gehalt des Normalisierungskonzepts zu leisten", denn: "unter pragmatischen Normalisierungsgesichtspunkten erscheint vielmehr so vieles an der Lebensituation behinderter Menschen als veränderungs- und verbesserungsbedürftig, so daß eine davon abgehobene theoretische Diskussion sich eher als hinderlich erweisen könnte" (ders.:15). Im übrigen könne die Wertprämisse des Normalisierungskonzepts, daß nämlich behinderten Menschen die gleichen Rechte zustehen wie den anderen Bürgern eines Staates, ebenso auf breiten Konsens rechnen wie die meisten gesellschaftlichen Normen, auf die sich das Normalisierungskonzept bezieht, weshalb Normalisierungsanforderungen in der Regel "keiner komplizierten Normbegründung bedürfen" (ebenda).

Der Verzicht auf eine theoretische Begründung des Normalisierungskonzepts hängt nicht zuletzt eng mit dem Verzicht auf die Fragestellung zusammen, warum das Konzept, das doch eine Selbstverständlichkeit sein sollte, nicht schon seit jeher überall gültig ist, welche historischen und aktuellen gesellschaftichen Ursachen also die Aussonderung und Verwahrung behinderter Menschen in Großeinrichtungen herbeigeführt haben, die das Normalisierungskonzept jetzt rückgängig zu machen versucht.

Diese Frage zu stellen, hieße allerdings, auf die Antwort zu stoßen, daß es wirksame gesellschaftliche Mechanismen und an ihrem Fortbestehen interessierte Kräfte gibt, die weiterhin die Aussonderung behinderter und anderer nicht leistungsfähiger, nicht angepaßter,störender etc. Bevölkerungsgruppen aus den zentralen Bereichen der gesellschaftlichen Produktion und Reproduktion betreiben. Die derzeitige Entwicklung des Arbeitsmarktes, z.B. verstärkt die Ausgrenzung von behinderten Menschen und anderen sog. Problemgruppen noch (vgl. R. Runde, 1986); durch zunehmende Konkurrenz zwischen verschiedenen Gruppen arbeitsloser Arbeitnehmer ist eine noch verstärkte Vorurteilsbildung gegenüber Behinderten als schwächster Gruppe in der Hierachie der "Problemgruppen" zu erwarten. Die Politikfähigkeit der Gruppe behinderter Menschen und damit die Möglichkeit, ihre Interessen an einer gleichberechtigten Teilhabe in allen gesellschaftlichen Lebensbereichen zu vertreten, würde dadurch noch weiter abnehmen.

Die Selektion nach Leistungsfähigkeit bzw. ökonomischer Verwertbarkeit ist ein Grundprinzip, das die Realität der Arbeitswelt in den modernen Industriegesellschaften immer ausnahmsloser bestimmt und auch andere gesellschaftliche Bereiche wie das Bildungswesen durchdringt; daß sich die Logik der Differenzierung nach Leistungsfähigkeit und der Aussonderung der jeweils unproduktiven, unbrauchbaren, unpassenden Individuen auch innerhalb der bzw. zwischen den Einrichtungen des Gesundheits- und Sozialwesens fortsetzt, ist vor diesem Hintergrund eher zu erwarten als das Gegenteil.

2. Gründe für eine theoretische Fundierung des Normalisierungskonzepts

Ohne die Bedeutung fachwissenschaftlicher Diskussion für praktische Veränderungen überschätzen zu wollen, halte ich den Verzicht auf eine theoretische Fundierung des Normalisierungskonzepts doch für einen Fehler.

"Wer nicht weiß, wohin er will, braucht sich nicht zu wundern, wenn er ganz woanders ankommt", lautet ein Bonmot des amerikanischen Psychologen R.F. Mager.

Ein erster Grund liegt darin, daß Normalisierung als Schlagwort ohne einen theoretischen Bezugsrahmen, aus dem Kriterien für die Beurteilung der erreichten bzw. erreichbaren Normalisierung begründet abzuleiten wären, nach meiner Auffassung Gefahr läuft, in Sonntagsreden von Politikern und Verbandsfunktionären zerredet und in staatlichen Behindertenplanung zur Leerformel gemacht zu werden, ohne tatsächliche Umorientierungen der Behindertenhilfe nach sich zu ziehen. Gerade die zentrale Formulierung, "ein Leben so normal wie möglich" erreichen zu wollen, läßt dies offen, solange nicht bestimmt wird, was unter welchen Bedingungen möglich ist und warum. "Ein Leben so normal wie möglich" können bis dahin genau genommen sogar konservativste Vertreter des traditionellen Anstaltskonzeptes fordern, in deren Augen es ja für ihre Klientel auch aus behinderungs- und versorgungsbedingten Gründen bedauerlicherweise kaum möglich erscheint, außerhalb der Anstalten zu leben.

Ein weiterer Aspekt in diesem Zusammenhang ist, daß ohne nähere theoretische Bestimmung, die Begriffe der "Normalisierung" einerseits und der "Rehabilitation" andererseits, die zunächst völlig verschiedene Ausgangspunkte im Umgang mit behinderten Menschen markieren, so weit verwischt werden können, daß sie sich kaum noch unterscheiden. So kommen Wedekind u.a. (1980) bei einem Vergleich der Normalisierung als dänischer und der Rehabilitation als bundesdeutscher Zielsetzung der Versorgung geistig behinderter Menschen zu dem Ergebnis, es gäbe bei näherer Betrachtung eine enge Übereinstimmung in den Zielvorstellungen.

Die beobachteten erheblichen strukturellen und organisatorischen Unterschiede in der Behindertenversorgung beider Länder sind jedoch damit schwer zu erklären.

Ich gehe davon aus, daß hinter beiden Vorstellungen grundsätzlich unterschiedliche Menschenbilder und Haltungen im Umgang mit behinderten Menschen stehen. Der Begriff der Rehabilitation, der nicht zufällig für von Geburt an behinderte Menschen genauso gebraucht wird, wie für Unfallopfer oder auch für ehemalige Strafgefangene, beinhaltet die Grundvorstellung, daß der behinderte Mensch so wie er ist, nicht "in Ordnung" ist. Der "Rehabilitand" muß, soll oder darf sich ändern (diese drei Varianten haben allerdings erhebliche Auswirkungen auf das soziale Klima, in dem behinderte Menschen leben); er kann umso mehr damit rechnen, gesellschaftlich akzeptiert zu werden, je mehr er sich bessert, gesünder wird, neue Fähigkeiten erlernt, arbeitsfähig wird etc..

Der Begriff der Normalisierung geht dagegen davon aus, daß der behinderte Mensch zunächst einmal so, wie er ist, "in Ordnung" ist. Er hat das Recht, als vollwertiger und gleichberechtigter Mensch akzeptiert zu werden, der zwar andersartig ist als andere, die Existenz von Andersartigkeit wird aber als normal angesehen.

Die Aufgabe der Gesellschaft ist es, ihm Lebensbedingungen zu geben und ggf. zu gestalten, die ihm unter Berücksichtigung seiner behinderungsbedingten Einschränkungen ein normales und gleichberechtigtes Leben ermöglichen.

Vor diesem Hintergrund hat das Normalisierungskonzept als kulturelles und sozialpolitisches Korrektiv gegenüber den Entwicklungen des Rehabilitationskonzeptes, das stark von ökonomischen Interessen überlagert wird, seinen notwendigen Platz.

Selbst wenn man die Bedeutung der "Kultur" zur Gestaltung sozialer Verhältnisse gering schätzt, sind soziologisch greifbare Begründungen, wie ich sie mit dem Normalisierungskonzept angedeutet habe, eine realistische Perspektive.

Ein bisher nicht gesehenes Motiv für eine Fundierung des Normalisierungskonzepts liegt in der Arbeitsplatzsituation in sozialen Dienstleistungsberufen. Dies vor dem Hintergrund der Belastungsfaktoren am Arbeitsplatz der Mitarbeiter in Großeinrichtungen und Anstalten (Runde 1989).

Die allgemeine Demokratisierung des gesellschaftlichen Lebens hat auch vor den Großeinrichtungen und Anstalten nicht Halt gemacht. Dies wird nicht zuletzt deutlich an dem hohen persönlichen Engagement von Mitarbeitern in ihren Arbeitsfeldern.

Handlungssituationen im Feld werden nicht mehr in dem Maße von administrativen und professionellen Entscheidungsregeln geprägt. Mitarbeiter gehen mehr und mehr dazu über, alltagsweltliche Probleme und Handlungsorientierungen mit den behinderten Menschen wo möglich gemeinsam zu entwickeln. Diese teilweise mit enormen Anstrengungen und Engagement betriebene Arbeit führt zu einer Veränderung und Zunahme von Anforderungen und in diesem Zusammenhang auch zu neuen quantitativen und qualitativen Belastungen.

Ein Hinweis auf qualitative Belastungszunahme ist das Zulassen von Problemlagen mit grundsätzlicher Bedeutung, z.B. im Sexualbereich, was sichtbar macht, daß die Tiefe und Komplexität der zu regulierenden Handlungssituationen stark verbreitert wird und damit tendenziell Überforderungssituationen entstehen.

Ein Hinweis auf quantitative Belastungszunahme ist dadurch gegeben, daß vorhandene Problemlagen, vor allem, wenn sie von den behinderten Menschen mitgeteilt werden können, im Rahmen des Abbaus asymmetrischer Beziehungen auch tatsächlich bearbeitet werden sollen. Dies nicht zuletzt auch deshalb, weil sich die für die Behindertenbetreuung relevanten kulturellen Wertorientierungen im Sinne einer alltagsweltlichen Orientierung geändert haben.

Dies führt in der Tendenz dazu, daß es keine oder wenige Entlastungsmechanismen in Form eindeutiger öffentlicher legitimierter Verweise auf administrative Regeln oder professionelles Expertenwissen gibt.

Diese durch neue qualitative und quantitative Anforderungen gekennzeichnete Situation wird dadurch erschwert, daß Ziele wie das Normalisierungskonzept oder eine damit verbundene und von allen Beteiligten getragene Organisationskultur, im Rahmen derer jeweils Überzeugungen und menschliches Handeln geregelt sind, weitgehend fehlen.

Stattdessen kann man davon ausgehen, daß nicht nur an der Spitze vieler Organisationen, sondern auch im inneren Gefüge grundsätzlich unterschiedliche Auffassungen zu Konzepten der Hilfen für behinderte Menschen bestehen. Bei zunehmender Infragestellung administrativer Regeln und professionellen Expertenwissens resultiert daraus bei den Mitarbeitern häufig ein hohes Maß an nicht befriedigtem Koordinations- und Kommunikationsbedarf untereinander. Das kann dazu führen, daß die Mitarbeiter auf ihre eigene Wertbasis mit all den Risiken der Erwartungsenttäuschung, der Angst und Frustration zurückgeworfen werden.

Diese Arbeitssituationen sind insgesamt durch ein hohes Engagement der Mitarbeiter bestimmt. Es gibt gleichzeitig qualitative und quantitative neue Anforderungen ohne Bereitstellung sozial abgesicherter und vermittelter Entlastungsmechanismen. Dies führt letztlich zu Überforderungen und damit zu inzwischen von vielen anerkannten "Burn-out"-Prozessen. Dies ist ein wirkliches Dilemma.

Ein Weg aus dieser Sackgasse ist nach meiner Auffassung durch das Normalisierungskonzept mit seiner bewußt rational nachvollziehbaren Wertbasis begründet. Mit dem Normalisierungskonzept werden im Rahmen einer wohnortnahen Versorgung z.B. die Begriffe Autonomie, Raum, Größe, Kommunikation und interorganisatorische Beziehungen in Zusammenhängen diskutiert, auf deren Basis die Lebenswelt behinderter Menschen und die Arbeitswelt der Mitarbeiter eine deutliche Entlastung erfahren. Sie würden einen eindeutigen organisations-kulturellen Rahmen erhalten und insbesondere durch die Betonung der Autonomie von behinderten Menschen von der Tiefe und Komplexität der zu regulierenden Lebenssituationen entlastet werden. Damit verbunden wäre eine Abnahme der Häufigkeit von Regelungssituationen.

Ein theoretisch fundiertes und auf seine politischen Folgerungen hin bedachtes Normalisierungskonzept, wie es hier vorgeschlagen wird, stimmt mit den Wertvorstellungen überein, die sich aus einem bürgerlich demokratischen Verständnis von Menschenrechten oder auch aus religiösem Humanismus ableiten lassen. Es wird jedoch die Zustimmung derjenigen verlieren, die heute die harmlose Formel vom "Leben so normal wie möglich" im Munde führen und gleichzeitig eine Politik betreiben, die die Marginalisierung und Verarmung behinderter Menschen als gesellschaftlicher Gruppe billigend in Kauf nimmt.

Eine nähere Betrachtung der Umsetzungsvoraussetzungen für ein am Normalisierungskonzept orientiertes Hilfsangebot an behinderten Menschen läßt Problemkreise auf verschiedenen Ebenen sichtbar werden.

Hingewiesen wurde schon auf bestehende rechtliche Grundlagen bei den Kostenträgern und deren notwendige Anpassung; aber auch auf die institutionellen Eigeninteressen der freien Träger und deren notwendige Reaktion. Dies sind Barrieren, die im Rahmen interorganisatorischer Zusammenhänge notwendig bearbeitet werden müssen.

Auf einigen Feldern gibt es dazu erste Erfahrungen, z.B. auf dem Feld der beruflichen Rehabilitation, das im Rahmen der Implementationsforschung am Institut für Soziologie bearbeitet wird (Runde 1986). So wurde in der Freien und Hansestadt Hamburg weitgehender Konsens darüber hergestellt, das gemeinsame Ziel, mehr Koordination, mehr Kooperation auf diesem Feld anzustreben. Für das Normalisierungskonzept als Zielperspektive gilt dies in gleicher Weise. Damit sind dann die Angebote zum Leben und Wohnen, zu Arbeit und Beschäftigung, zu Kultur und Freizeit grundsätzlich keine anderen als für die Gesellschaft insgesamt.

Für die Realisierung am Normalisierungskonzept orientierter Hilfeangebote bedarf es zwingend sozialer Netzwerkstrukturen, die einige Besonderheiten erfahren, weil verstärkte oder umfangreichere Hilfen erforderlich sind.

Ein Beispiel dafür ist der von der LAG, dem Reichsbund und dem VDK 1988 neu herausgegebene "Stadtführer für Rollstuhlfahrer", der in bisher einmaliger Weise viele Lebensbereiche auch für behinderte Menschen erschließt.

3. Soziale Netzwerke und die Betreuung von behinderten Menschen

Der Begriff "soziale Netzwerke" und dessen Implementation in offene Formen der Hilfen für behinderte Menschen spielt in der gesamten Entwicklung der letzten Jahre eine zentrale Rolle. Ein Netzwerk ist zunächst, sehr allgemein betrachtet, ein Punktehaufen, dessen Einzelpunkte durch Linien verbunden sind. Diese Linien können stärker oder schwächer ausgeprägt sein. Damit kann ein Hinweis auf die Intensität der Verbindung gegeben werden. Diese Punkte können beispielsweise einzelne Menschen oder Gruppen, aber auch andere Bezugssysteme verschiedenster Art darstellen. So können also Beziehungen in der Familie, zu den Freunden, den Arbeitskollegen, zum praktischen Arzt oder zum Sozialdienst u.v.a.m. beschrieben werden (vgl. Jürgensen, Sigrid 1984).

Eine weitere Unterscheidung wird in Anlehnung an soziologische Grundmuster vorgenommen: Man unterscheidet Primär-Netzwerke, d.h. private und individuelle Beziehungen, die selbst gewählt sind, und Sekundär-Netzwerke. Damit sind alle öffentlichen und professionellen Beziehungen gemeint.

Zunächst aber sind alle Menschen einem sog. "egozentrischen Netzwerk" zugeordnet, das sowohl Anteile des Primär- als auch des Sekundär-Netzwerkes aufnimmt.

Die Verbindungslinien aller Netzwerke, auch über mehrere Netze hinweg, geben einen Hinweis auf bestehende oder potentielle Bezüge oder auch Interaktionswege. Im Laufe des Lebens verändern sich diese Netzwerke aufgrund vieler Einflußfakto-

KONSTITUTIVE BEDINGUNGEN DES SOZIALEN NETZWERKES

I. DER BEHINDERTE MENSCH BILDET DEN ORIENTIERUNGS-RAHMEN FÜR DIE MOBILISIERUNG VON SOZIALER UNTERSTÜTZUNG, D.H. DEN AUFBAU PROFESSIONELLER NETZWERKSBEZIEHUNGEN

II. DER ABSICHTSVOLLEN, PLANMÄSIGEN SCHAFFUNG SOZIALER NETZWERKE KOMMT EINE ENTSCHEIDENDE ROLLE ZU.

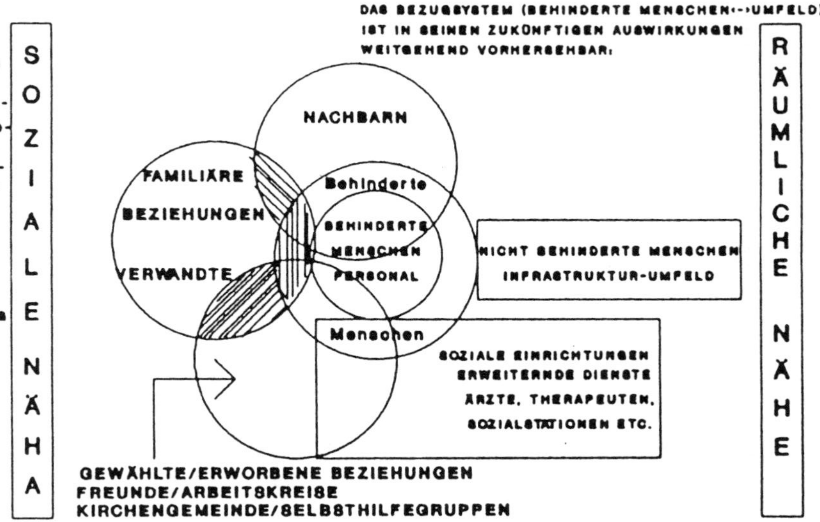

A INDIKATOREN FÜR RAHMENBEDINGUNGEN

1) GRÖSE DES NETZWERKES
2) MEHRFACHBINDUNG DER MITGLIEDER
3) RÄUMLICHE ENTFERNUNG
4) EINSEITIGE ODER WECHSELSEITIGE BEZIEHUNGEN

B INDIKATOREN FÜR SOZIALE UNTERSTÜTZUNG (TEILINTEGRATION)

1) KONTAKTHÄUFIGKEIT ZUR BEZUGSPERSON
2) VERNETZUNG UNTER DEN MITGLIEDERN DES NETZWERKES
3) INTENSITÄT DER BEZIEHUNGEN

ren. Will man diese mitgestalten, muß man spezifische Rahmenbedingungen und Unterstützungsleistungen zunächst analytisch unterscheiden und später in einem Planungsprozeß berücksichtigen.

Im folgenden möchte ich ein Modell skizzieren, das sicherlich nicht in der Lage ist, die Qualität eines sozialen Netzwerkes zu beschreiben oder zu erklären. Es kann immer nur Hinweise auf bestimmte Bezüge und deren qualitative Ausprägung geben.

Einige Indikatoren für Rahmenbedingungen und für soziale Unterstützungsleistungen, die weitgehend der Teilintegration behinderter Menschen in die Gesellschaft dienen, sollen genauer beschrieben werden: Sie sind Orientierungspunkte für Planungsprozesse. Es handelt sich hier um Mindestvoraussetzungen, dies sei an dieser Stelle deutlich betont, die keinen normativen Charakter haben. Es sind vielmehr Dimensionen, die im Planungs- und Implementationsprozeß beachtet werden sollten. Auch wenn damit noch keine - wie oben gefordert - theoretischen Zusammenhänge aufgezeigt werden können, diese dimensionalen Unterscheidungen sind wichtige Orientierungspunkte für Planungsprozesse zu regionalisierten Hilfeangeboten für behinderte Menschen.

A Indikatoren für Rahmenbedingungen

In diesem Zusammenhang geht es darum, Möglichkeitsräume anzubieten und auszufüllen.

1. Größe des Netzwerkes

   Wird verstanden als die Gesamtheit quantitativ möglicher und tatsächlicher Verbindungen eines Menschen in sozialen Räumen. Die tatsächlichen Verbindungen geben einen Hinweis auf die Dichte des Netzwerkes. Wenn potentielle Bezugsmöglichkeiten wahrgenommen werden, so ist für die Interaktion die Häufigkeit, Dauer, Intensität, Vielfältigkeit und Wechselseitigkeit von besonderer Bedeutung.

2. Mehrfachbindung der Mitglieder

   Wird verstanden als gleichzeitige Anbindung in unterschiedlichen sozialen Räumen.

3. Räumliche Entfernung/Nähe

   Soziale Wechselbeziehungen sind grundsätzlich raumbedingt. Im weitesten Sinne ist es die räumliche Ordnung und Zuordnung, die mit entscheidet, zwischen welchen gesellschaftlichen Gruppen, zwischen welchen Individuen, welche Interaktionsformen oder welche sozialen Netzwerke entstehen können.

Betrachtet man diese Grundannahme vor dem Hintergrund der Teilintegration behinderter Menschen in Räume, so sind - idealtypisch betrachtet - Stadträume oder städtische Gemeinden im Gegensatz zu ländlichen offene Systeme, nach aussen orientiert und vielfach fähig, sich zu wandeln.

Eine wesentliche sozialstrukturelle Gegebenheit der Stadt erklärt sich auch aus den beiden Aggregatzuständen "Öffentlichkeit" und "Privatheit", die hier in besonderer Weise nebeneinanderstehen. Privatheit, hier raumbezogen als Wohnung verstanden, kann sicherstellen, daß weder optische noch akustische Reize eine soziale Kontrolle durch die Nachbarn ermöglichen. Das Heraustreten aus der Wohnungstür/Haustür in die Öffentlichkeit ermöglicht verschiedenartige soziale Kontakte, die der Einzelne wählen kann, um soziale Netzwerke aufzubauen.

Ländliche Gemeinden sind heute noch häufig geschlossene Systeme mit einer starken Vernetzung unter den Mitgliedern des Netzwerkes. Alltagssprachlich bedeutet dies: "Jeder kennt jeden oder genauer, ein Mensch/Mitglied tritt mit mehreren oder allen Bezugspunkten in Beziehung." Eine Eingliederung von gesellschaftlichen Gruppen in ein geschlossenes System ist viel schwerer und hat besondere Anforderungen.

4. Einseitige und wechselseitige Beziehungen unter den Mitgliedern des Netzwerkes

   Sie werden als Überlappung der sozialen Räume verstanden und stellen einen Indikator für die Teilintegration eines Menschen in seine Umwelt dar. Ich spreche an dieser Stelle bewußt von Teilintegration, um den Begriff der Integration, der zu einer magischen Formel hochstilisiert wird, nicht weiterhin inflationär zu verwenden. Teilintegration ist nicht Ziel, sondern Prozeß.

B Indikatoren für soziale Unterstützung (Teilintegration)

Die unter B genannten Indikatoren unterstützen den Prozeß einer Teilintegration behinderter Menschen in ein anderes neues Umfeld der Gesellschaft.

1. Kontakthäufigkeit zu Bezugspersonen

   Sie wird als qualitative Größe in den Feldern primärer und sekundärer Netzwerke verstanden.

2. Vernetzung unter den Mitgliedern des Netzwerkes

   Soziale Beziehungen bei Menschen ergeben sich aus den unterschiedlichsten Aktivitätsbereichen. Soziologisch sind sie als Rollen oder als Rollenbeziehungen vielfach beschrieben.

   Verschiedene Rollen innehaben, bedeutet auch unterschiedliche Erwartungen, Regeln, Normen und daraus resultierende Verhaltensanforderungen erfüllen zu müssen, die sich aus dem jeweiligen Beziehungsgefüge ergeben. So sollten die Rollensets der Mitglieder eines Netzwerkes einer genauen Analyse unterzogen werden.

3. Intensität der Beziehungen

   Neben dem formalen Bezugsrahmen "Mitglied eines Netzwerkes", sind qualitative Ausprägungen im Interaktionsgefüge ein Indiz für die Intensität der Beziehungen.

Wie eben dargestellt, sind Indikatoren sozialer Netzwerke als Planungsgrundlage für offene Formen der Hilfen für behinderte Menschen unverzichtbar.

Zum Ende meines Beitrages möchte ich nur kurz darstellen, welche Aufgaben insgesamt damit verbunden sind, wenn z.B. ein regionalisiertes Wohnstättenangebot, d.h. Gruppen- oder Einzelwohnungen für behinderte Menschen, im Rahmen offener Hilfen angeboten werden sollten und welchen Stellenwert darin Indikatoren sozialer Netzwerke als Planungsgrundlage haben.

Erlauben Sie mir ein Beispiel aus meiner Arbeit in der Freien und Hansestadt Hamburg, das in einem Teil bis zum Herbst dieses Jahres realisiert wird:

Der Vorstand der Ev. Stiftung Alsterdorf beschloß schon 1983, grundsätzlich für geistig- und mehrfachbehinderte Menschen aus der Anstalt ein regionalisiertes Wohnstättenangebot/Gruppenwohnungen anzubieten.

- Die Auswahl der Regionen in Hamburg wurde anhand sozialer Infrastrukturuntersuchungen vorgenommen. Schon bei der Bestandsaufnahme spielte die Frage des Aufbaus bereits vorhandener Fragmente oder neuer sozialer Netzwerke eine bedeutende Rolle.

- Die Auswahl des Standortes wurde durch Beteiligung der zukünftigen Bewohner und des Personals wesentlich erleichert. Dies diente schon in einem frühen Stadium dem Aufbau eines Teiles des sozialen Netzwerkes.

- Die gesamte Architektenplanung wurde als partizipativer Prozeß angelegt, um Wissen und Vorstellungen aller Beteiligten zu nutzen. Dabei war auch die fachliche Betreuung durch den Kostenträger sichergestellt. Im Ergebnis wurden durch Festlegungen der technischen Anforderungen die Wohnstandards wesentlich verbessert. Auch hier wurden Netzwerkstrukturen genutzt.

- Die Vorbereitung der künftigen Bewohner auf den Feldern Selbständigkeit in der Wohnung, dem Wohnumfeld und allgemeinem Sozialtraining kann nur vor dem Hintergrund der Kenntnis sozialer Netzwerkstrukturen gelingen.
- Ebenfalls die Fortbildung des Personals anhand eines selbst erarbeiteten Konzepts über die künftige Arbeitsfelder muß im wesentlichen auf der Kenntnis sozialer Netzwerkbeziehungen basieren.
- In der Region selbst beginnen Abstimmungen mit anderen Trägern sozialer Dienstleistungen, die im Rahmen des theoretischen Konzepts der Gemeinwesenarbeit angesiedelt sind. Auch dies dient vornehmlich dem Aufbau sozialer Netzwerkbeziehungen, allerdings unter den sekundären Strukturen (vgl. Treeß, Helga, 1988).

Insgesamt zeigt diese quantitative Seite die in Ansätzen sichtbaren komplexen Aufgabenstellungen; je mehr Projekte, desto umfänglicher und schwieriger wird das gesamte Feld. Die Schwierigkeiten stecken im Detail. Von daher sind genaue Analysen sozialer Netzwerkbeziehungen zwingend erforderlich. Bedeutsamer aber ist der im ersten Teil des Referates geforderte sozialpolitische Konsens im Sinne des Normalisierungskonzeptes.

Nur bei klaren und eindeutigen sozialpolitischen Aussagen aller Beteiligten sind diese Aufgaben zu bewältigen.

LITERATURVERZEICHNIS

Dörr, Günter: Vortrag beim Hamburger Spastikerverein, 3. März 1989

Haaser, H.: Wohnstätten für geistig behinderte Erwachsene im Literaturüberblick, Institut für Sozialrecht 1975, 11 - 108

Hamburger Landesarbeitsgemeinschaft für Behinderte e.V., Reichsbund, VDK, Hrsg., Hamburger Stadtführer für Rollstuhlfahrer, 3. völlig neu bearbeitete Auflage 1988

Jürgensen, Sigrid: Soziale Netzwerke, Arbeitspapier zur projektbegleitenden Planungsgruppe 1984

Bank-Mikkelsen u.a.: An analysis of ... connected with establishing and rooming of respectively large and small institutions or institutional units for mentally handicapped, Kopenhagen (vervielfältigtes Manuskript 1979)

Runde, Peter: Zukunft der Rehabilitation, 1986

Runde, Peter: Entwicklung vorläufiger Gestaltungskriterien zum Abbau von Belastungen bei personenbezogener Dienstleistung am Beispiel zweier Einrichtungen für Behinderte, 1989

Thimm, N.: Das Normalisierungsprinzip - Eine Einführung, Marburg/Lahn (Bundesvereinigung Lebenshilfe für geistig Behinderte e.V.), 1984

Thimm N., Ferber, C. v., Schiller, B., Wedekind, R.: Ein Leben so normal wir möglich zu führen. Zum Normalisierungskonzept in der BRD und in Dänemark, Marburg/ Lahn (Bundesvereinigung Lebenshilfe für geistig Behinderte e.V.), 1985

Treeß, H.: Das Prinzip der Gemeinwesenarbeit im Prozeß einer sich normalisierenden Arbeit mit geistig und mehrfach behinderten Menschen. Arbeitspapier aus den Erfahrungen des Projektes Schnelsen, 1988

Wedekind, R., Frank, H., Thimm, W.: Normalisation and rehabilitation as objects of socio-political measures concerning the mentally retarded in Denmark and in the Federal Republic of Germany: An intercultural comparative study, in: Int. J. Rehab. Research 1980, 3 (3) S. 327 - 338

REHABILITATIONSPSYCHOLOGISCHE ASPEKTE BEI DER WOHNORTNAHEN VERSORGUNG VON BEHINDERTEN MENSCHEN

Gunther Haag und Ute J. Bayen

1. Auswirkungen einer Behinderung

Zu Beginn dieses Beitrages soll (ohne einen Anspruch auf Vollständigkeit) kurz dargestellt werden, welche Folgen eine durch Krankheit, angeborenes Leiden oder äußere Schädigung verursachte Behinderung hat, auf welchen Ebenen sich eine Behinderung also manifestiert.

Nach einer Zusammenstellung der Bundesarbeitsgemeinschaft für Rehabilitation läßt sich die soziale Beeinträchtigung des Behinderten auf drei Dimensionen beschreiben: Abbildung 1 zeigt im unteren Teil die persönlichen, familiären und gesellschaftlichen Folgen eines körperlichen Leidens. Zu ersteren zählen die Einschränkung der Unabhängigkeit des Individuums, seiner Beweglichkeit, der Freizeitaktivitäten, der sozialen Integration, der wirtschaftlichen und beruflichen Möglichkeiten usw.. Einen weiteren Bereich sozialer Beeinträchtigung stellen die Auswirkungen auf die Familie des Betroffenen dar: Pflegebedarf, die Störung der sozialen Beziehungen, wirtschaftliche Belastungen. Die dritte Ebene bilden die gesellschaftlichen Folgen der Behinderung: Fürsorgeanspruch, Produktivitätsverlust und eine gestörte soziale Eingliederung.

2. Zielsetzungen der Rehabilitation

Im Mittelpunkt dieses Beitrages steht nun die Frage, wie die Rehabilitation Behinderter aus rehabilitationspsychologischer Sicht gestaltet werden sollte.

In der Literatur findet sich eine Vielzahl unterschiedlicher Definitionen des Begriffes "Rehabilitation". Dabei werden zumeist zwei Zielsetzungen als vorrangig betrachtet. Nach Schindele (1979) bestehen diese darin,

- zu verhindern, daß die Behinderung für die Person zu einem dauernden Handicap für das persönliche, soziale und ökonomisch-berufliche Leben wird und
- dort, wo volle Rehabilitation oder Normalisierung nicht möglich ist, die behindernden Auswirkungen auf das persönliche, soziale und berufliche-ökonomische Wohlergehen der Person auf ein Minimum zu reduzieren.

In den 50er bis 70er Jahren wurde der ökonomische Nutzen v.a. der beruflichen Rehabilitation von verschiedenen Seiten ganz besonders betont. Um diesem Trend der Hervorhebung des wirtschaftlichen Nutzens entgegenzuwirken, formulierte Helander 1979 für die Weltgesundheitsorganisation die Rehabilitationsziele ganz

Abbildung 1

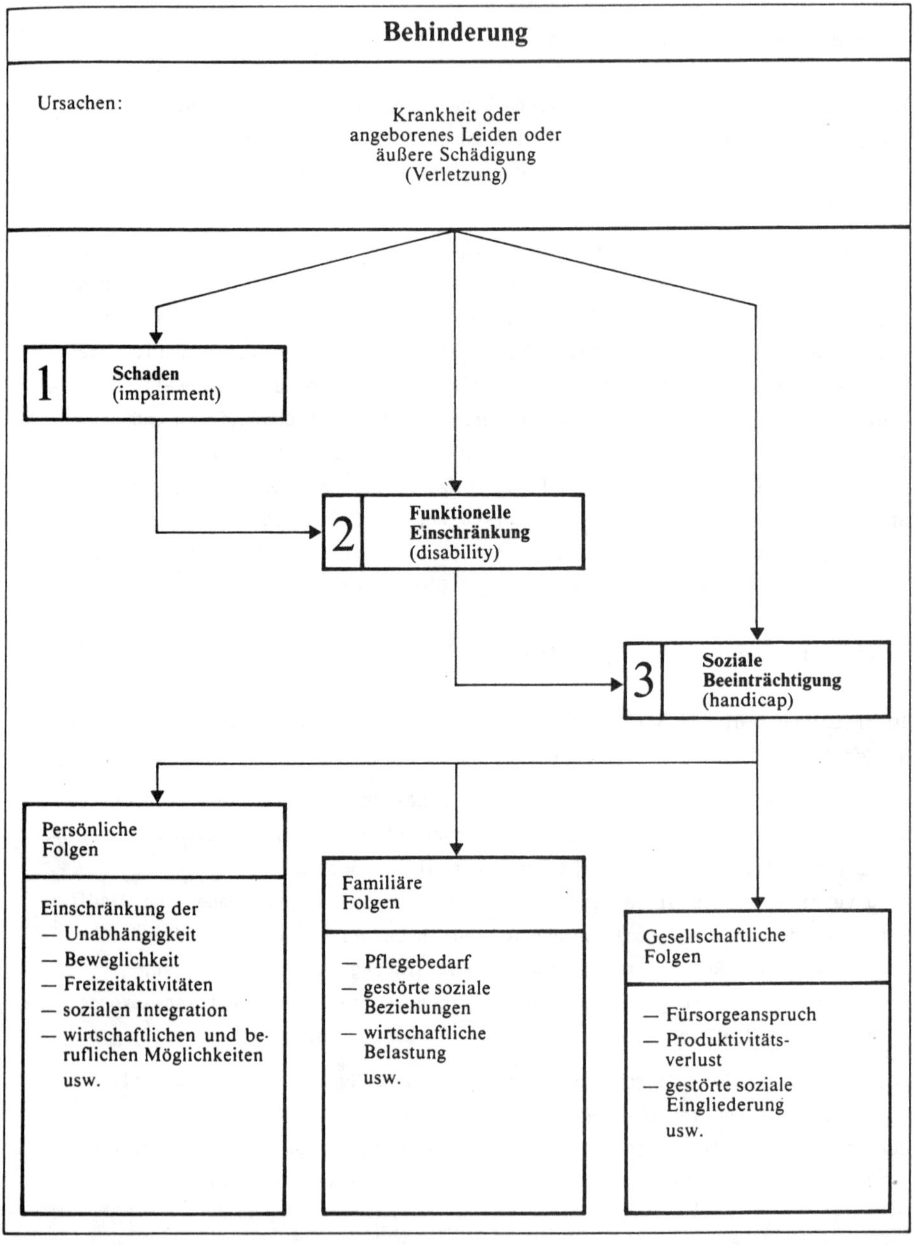
Behinderung
Ursachen:
Krankheit oder
angeborenes Leiden oder
äußere Schädigung
(Verletzung)
1
Schaden
(impairment)
2
Funktionelle
Einschränkung
(disability)
3
Soziale
Beeinträchtigung
(handicap)
Persönliche
Folgen
Einschränkung der
— Unabhängigkeit
— Beweglichkeit
— Freizeitaktivitäten
— sozialen Integration
— wirtschaftlichen und beruflichen Möglichkeiten
usw.
Familiäre
Folgen
— Pflegebedarf
— gestörte soziale Beziehungen
— wirtschaftliche Belastung
usw.
Gesellschaftliche
Folgen
— Fürsorgeanspruch
— Produktivitätsverlust
— gestörte soziale Eingliederung
usw.

anders:
- Rehabilitation soll in der Regel nicht zu einem Gewinn führen;
- Rehabilitation ist unökonomisch und soll unökonomisch sein;
- Rehabilitation stellt eine soziale Strategie dar, die auf eine gerechte und gleiche Gesellschaft zielt;
- Rehabilitation ist ein Gradmesser, inwieweit wir bereit sind, mit den Ärmsten, den am stärksten Abhängigen und den unterprivilegiertesten Gruppen unserer Gesellschaft zu kooperieren.

Das allgemeine Rehabilitationsziel könnte auch mit einem in der letzten Zeit oft verwendeten und leider häufig mißbrauchten Begriff als Wiedergewinnung oder Aufrechterhaltung eines möglichst hohen Maßes an "Lebensqualität" bezeichnet werden. Aspekte der "Lebensqualität" sind:
- allgemeine Lebenszufriedenheit, psychisches Wohlbefinden, kognitive Funktionen
- Überleben, physischer Zustand und Aktivität
- beruflicher Status
- soziale und Freizeitaktivitäten
- Gesundheitsverhalten und Compliance
- Integration in die Familie und in das soziale Umfeld.

Letztgenannter Aspekt, die soziale Integration, wird von verschiedenen Autoren als ein übergeordnetes Ziel aller Rehabilitationsmaßnahmen angesehen. Die Bundesarbeitsgemeinschaft für Rehabilitation hat 1984 versucht, diese Zielsetzung folgendermaßen zu formulieren: "Aufgrund der umfassenden und vielfältigen Zielsetzungen muß die Rehabilitation alle Sektoren und alle Ebenen der physischen, psychischen und sozialen Existenz der Patienten berücksichtigen. Die breitgefächerten rehabilitativen Leistungen sollen dem Behinderten unter konsequenter Nutzung der vorhandenen Teil- oder Restfunktionen die Möglichkeit einer Integration oder Reintegration in Familie und Gesellschaft und nach Möglichkeit in das Berufsleben bieten. Es wird also dadurch dem drohenden Verlust der bestehenden Bindungen an die Familie und an die gewohnte soziale Umgebung entgegengewirkt. Dies findet u.a. auch seinen Niederschlag in dem Bemühen aller Beteiligten, beispielsweise eine Heimunterbringung des Behinderten als in der Regel ungünstigste von allen möglichen Lösungen zu betrachten und sie nur dann zu akzeptieren, wenn ein anderer Weg - also das Verbleiben in der Familie, in der gewohnten Umwelt - nicht zu verwirklichen ist. Damit dient die Rehabilitation gleichzeitig den Interessen der Familie wie denen der sozialen Gemeinschaft, die ja vom Lebensschicksal jedes einzelnen mitbetroffen ist."

Eine Bewertung der gegenwärtigen rehabilitativen Maßnahmen für körperbehinderte Menschen muß (auch hier ohne den Anspruch auf Vollständigkeit) vor allem folgende

Fragen im Blick haben:

- Welchen Beitrag leisten die Maßnahmen im Hinblick auf eine möglichst weitgehende körperliche Wiederherstellung und Beschwerdefreiheit?
- Wie tragen sie zu Leistungsfähigkeit in Beruf und Haushalt und zu befriedigender Freizeitgestaltung bei?
- Wie wirken sie sich auf das psychische Wohlbefinden der Betroffenen aus?
- Welchen Beitrag leisten die Maßnahmen im Hinblick auf soziale Integration oder Re-Integration des Betroffenen und seiner Familie?

3. Soziale Integration

Der Begriff "soziale Integration" bedeutet nach Mutters (1981), auf der Grundlage der Gleichheit innerhalb eines sozialen Organismus mitzuwirken, die Möglichkeit zu haben, seine eigenen Fähigkeiten einbringen zu können, Verantwortung mitzutragen beim Wirken innerhalb eines Sozialorganismus und eine eigene Rolle in der Umwelt zu spielen. Im engen Zusammenhang mit dem Begriff der sozialen Integration wird sehr häufig das sogenannte Normalisierungsprinzip diskutiert, welches eine möglichst weitgehende Orientierung der Lebensgestaltung des Behinderten an der des Nichtbehinderten meint. Ferber (1988) nennt Prüfkriterien des Normalisierungsprinzips in der Rehabilitation Behinderter:

- Es ist nicht normal, daß Kinder in Heimen aufwachsen.
- Im schulischen Bereich ist es nicht normal, daß Kinder und Jugendliche in Sondereinrichtungen lernen oder gar keine schulische Unterweisung erhalten.
- Es ist normal, daß erwachsene Menschen die Erfahrung der Arbeit machen können, daß sie den Rhythmus von Arbeit und Freizeit erleben können.
- Es ist normal, daß erwachsene Menschen selbständig wohnen und daß Wohnung und Arbeitsstätte getrennt sind.
- Es ist normal, daß Menschen mit einem frei gewählten Partner zusammenleben.

Die Verbindung von sozialer Integration und Normalisierungsprinzip hat aber auch ihre Gefahren, impliziert dieses Prinzip doch, daß der Behinderte sich den Normen unterwirft, welche ihm die Gesellschaft der "Normalen" diktiert. Was Normalität bedeutet, wird von der Gruppe der Nichtbehinderten definiert. Wer von dieser Norm abweicht, z.B. durch eine Behinderung, gerät in die Rolle des Außenseiters. Somit kann also gerade auch das Normalisierungsprinzip die soziale Integration gefährden, welche hier die Eingliederung des Behinderten in die Gesellschaft der Nichtbehinderten meint. "Soziale Integration" bedeutet jedoch noch mehr: Sie betrifft nicht nur das Verhältnis vom Behinderten zum Nichtbehinderten, sondern umfaßt auch die Beziehungen verschiedener Behindertengruppen untereinander.

Untersuchungen haben ergeben, daß Behinderte gegenüber anderen Behindertengruppen ebensolche Vorbehalte und Vorurteile haben wie Nichtbehinderte gegenüber Behinderten. So ist z.B. die gemeinsame Beschäftigung von geistig Behinderten und psychisch Kranken in Behindertenwerkstätten sehr problematisch. Bemühungen um soziale Integration haben also auch ein größeres Verständnis der Behindertengruppen untereinander zum Ziel.

4. Das Bild des Körperbehinderten

An dieser Stelle seien einige Bemerkungen zum Bild oder Stereotyp des Körperbehinderten gemacht, da diese Aspekte einen wesentlichen Einfluß auf die soziale Integration dieser Behindertengruppe haben.

Die Stereotypenforschung hat hier recht uneinheitliche Ergebnisse erbracht. Das Bild des Rollstuhlfahrers z.B. ist einesteils durch positive Eigenschaften wie Toleranz, Religiösität, emotionale Ausgeglichenheit, Selbstlosigkeit und Gewissenhaftigkeit gekennzeichnet. Andere Untersuchungen fanden jedoch, daß ihm Unsicherheit, Empfindlichkeit, Selbstmitleidstendenzen, starke Kompensationsneigungen und Schwierigkeiten im sozialen Bereich zugeschrieben werden. Neben der Stereotypenforschung gibt es eine Forschungsrichtung, die allerdings als fehlgeleitet und überholt gelten muß: Es ist dies die Suche nach "der" Behinderten-Persönlichkeit, also nach Eigenschaften, welche "dem" Behinderten objektiv zu eigen seien, unabhängig von dem Bild, welches Nichtbehinderte von ihm haben. Ein solcher Forschungsansatz vernachlässigt die große Variabilität im Umgang mit Behinderung und trägt so noch zusätzlich zur Stereotypenbildung bei.

Exemplarisch für eine Untersuchung zur Einstellung der nichtbehinderten Bevölkerung zu Behinderten sei aus einer Studie von Seifert und Stangl (1981) zitiert, welche sich auf den beruflichen Bereich bezieht: Es zeigte sich, daß die wenigsten nichtbehinderten Berufstätigen über Notwendigkeit und Möglichkeiten sozialer und beruflicher Integration von Behinderten zureichend informiert sind. Oftmals wird die Körperbehinderung als selbstverschuldet angesehen. Private oder berufliche Kontakte zu Behinderten bestehen selten. An positiven Attributen werden dem Behinderten Fleiß, Intelligenz, Ausdauer, Geduld, Freundlichkeit und Leistungsbereitschaft zugeschrieben. Auf der negativen Seite stehen Mißtrauen, Empfindlichkeit, soziale Vereinsamung, ständige Hilfsbedürftigkeit und die Beeinträchtigung der physischen Leistungsfähigkeit. Die auf verschiedene Behindertengruppen bezogenen Stereotype sind dabei sehr unterschiedlich. Ein Großteil der Berufstätigen sieht Körperbehinderte als weniger beliebt und befürwortet eine partielle oder vollständige Absonderung von Körperbehinderten, insbesondere von Schwerbehinderten. Die Unterstützung und Förderung von Körperbehinderten wird primär als eine

Angelegenheit staatlicher oder halbstaatlicher Institutionen angesehen. Die Mehrheit der Bevölkerung würde demnach das Thema dieser Tagung wohl nicht unterstützen wollen. Nur 30 % der befragten Nichtbehinderten befürworten die Beschäftigung von Schwerbehinderten an einem normalen Arbeitsplatz, da die berufliche Qualifikation und Leistungsfähigkeit von Behinderten eher als gering eingeschätzt werden.

Bei der Begegnung mit einem sichtbar Körperbehinderten stellen sich nach Davis (1964) oftmals folgende Reaktionstendenzen ein:
- Die Aufmerksamkeit wird auf die Behinderung gelenkt; kompensatorische Verhaltensweisen
- Unsicherheit bzgl. des eigenen Gefühlsausdrucks, Einschränkung der Kommunikation mit dem Behinderten
- Verwirrung, daß behindertenspezifische Attribute und die übrigen Merkmale des Behinderten schwer in Einklang zu bringen sind
- Unsicherheit über Bedürfnisse und Fähigkeiten des Behinderten.

Als psychologische Varianten der Ablehnung von Körperbehinderten werden in der Literatur genannt:
- die Annahme, daß diese die Behinderung selbst verschuldet haben,
- das negative Image von der Persönlichkeitseigenart der Behinderten,
- Ängste vor eigener schwerer Behinderung, die auf diese Weise verarbeitet, kompensiert werden.

Folge dieses Bildes vom Körperbehinderten ist die Tatsache, daß Behinderte Schwierigkeiten haben, soziale Kontakte zu Nichtbehinderten zu knüpfen, aufzubauen und aufrechtzuerhalten, wobei die Belastungsfähigkeit sozialer Kontakte wesentlich von der Art und dem Maß der Behinderung abhängig ist. So leidet der Körperbehinderte oft unter der Auffälligkeit seiner Behinderung. Die Beeinträchtigung des sozialen Kontaktes gefährdet die Wiedereingliederung und trägt zur sozialen Isolation von Körperbehinderten bei; diese läßt sich durch eine Regionalisierung der rehabilitativen Maßnahmen zwar nicht beseitigen, aber doch hoffentlich vermindern.

5. Soziale Unterstützung

Ganz kurz soll hier auf die Bedeutung des primären sozialen Netzwerkes eingegangen werden. Viele Untersuchungen konnten zeigen, daß soziale Unterstützung einen großen Einfluß auf eine Vielzahl von Variabeln, wie physische und psychische Gesundheit, Lebensqualität etc. , nimmt.

Die Funktionen sozialer Unterstützung liegen nach Liebermann (1982) darin, daß eine Anteilnahme an sozialen Interaktionen und Aktivitäten durch die Beziehungspartner ermöglicht wird, daß sie Zustimmung zu einem neuen Lebensstil geben, daß emotionale Unterstützung erfahren wird und daß die Hilfe in Notfällen gesichert ist.

Personen, die in problematischen Partnerbeziehungen, in sozialer Isolation oder in einem schwach entwickelten Netz sozialer Beziehungen leben, zeigen in vergleichbaren Krankheits- oder Behinderungssituationen (bzgl. der Art und dem objektiven Schweregrad der Krankheit oder Behinderung) einen erheblich höheren Grad an psychischer Beeinträchtigung als Personen mit einem stabilen sozialen Netzwerk: Wer weniger soziale Unterstützung erfährt neigt z.B. zu erhöhter Depressivität und geringerer Kontrollüberzeugung, ist also weniger davon überzeugt, er könne seine Behinderung oder chronische Krankheit kontrollieren, irgendwie "in den Griff bekommen". Er neigt außerdem zu größerer Angst und hat oft ein gestörtes Selbstbewußtsein und Selbstbild. Grund für dieses hohe Maß an psychischer Beeinträchtigung ist der Mangel an psychosozialer Unterstützungsleistung vor allem seitens primärer sozialer Netzwerke. Der professionellen psychosozialen Unterstützung fallen nach diesen Befunden eher subsidiäre, also nachgeordnete, ergänzende, anregende, vermittelnde und ausgleichende Aufgaben zu. Ein Gegenargument zur Behauptung, daß sich die professionelle Hilfe auf solche Aufgaben zu beschränken hat, ist die Feststellung, daß primäre Netzwerke oft überstrapaziert sind, ihren Aufgaben somit nicht mehr nachkommen können und eine (zumindest teilweise) Übernahme dieser Aufgaben durch professionelle Netzwerke daher angezeigt sei. Vielleicht ist das ein Aspekt, den Sie noch nicht angeschnitten haben und den wir später in der Diskussion noch einmal aufgreifen können.

6. Die Abhängigkeit des Behinderten

Im folgenden soll auf Stufen und Ursachen der Abhängigkeit von Behinderten eingegangen werden. Abhängigkeit meint hier die Abhängigkeit von Umweltbedingungen und bestimmten sozialen Situationen, spezielle Hilfeleistungen, und bedeutet eine eingeschränkte Entscheidungsfreiheit bzw. Verfügbarkeit der Lebensgestaltung.

Forster und Pelikan (1977) beschreiben in einem idealtypischen Modell, welche Stufen von Isolation und Abhängigkeit im Behinderungsprozeß durchlaufen werden können:

1. Stufe: "Fließgleichgewicht": Geben und Nehmen sind im sozialen Bereich ausbalanciert; Zustand relativer Autonomie.

2. Stufe: Vorübergehende erhebliche Isolation und Abhängigkeit.
3. Stufe: Dauerhafte erhebliche Abhängigkeit von Hilfe und Isolation von wesentlichen Lebensbereichen.
4. Stufe: Dauerhafte verstärkte Abhängigkeit von Hilfe und umfassende Isolation von allen wesentlichen Lebensbereichen.

Gemeindenahe Rehabilitationsangebote sind besonders auf der dritten Stufe bedeutsam, da hier die Autonomie durch ein Hilfeangebot mit hinreichend großen Verfügungsmöglichkeiten für den Betroffenen in erheblichem Umfang wiederhergestellt werden kann. Stufe 4 charakterisiert die typische Isolation in Sondereinrichtungen.

Hahn (1981) nennt als Ursachen der Abhängigkeit und Isolation von Körperbehinderten:
- die körperliche Schädigung selbst;
- die Reaktionen der sozialen Umwelt auf die Schädigung;
- den abhängigkeitsverstärkenden Umgang des Behinderten selbst mit seiner Schädigung, insbesondere Passivität.

Dabei haben die Reaktionen der Umwelt auf die Schädigung (und das soll uns mit Blick auf das Thema dieser Tagung besonders interessieren) einen ganz erheblichen Einfluß auf die Abhängigkeit und auch auf eventuellen abhängigkeitsverstärkenden Umgang des Behinderten mit sich.

7. Rehabilitationspsychologische Kritik am derzeitigen Rehabilitationssystem

Die Frage, wie effizient das gegenwärtige System der medizinischen und der beruflichen Rehabilitation arbeitet, läßt sich nicht beantworten, da eine Bewertung, eine Evaluation dieser Maßnahmen in der Bundesrepublik weitgehend fehlt. Dort wo theoretische und empirische Analysen des Rehabilitationssystems in der BRD vorgenommen wurden, werden vor allem folgende Aspekte kritisiert:

Der erste Kritikpunkt ist die stark ausgeprägte Institutionalisierung des Rehabilitationswesens. Die erheblichen finanziellen Investitionen gestatteten den Aufbau komplexer Einrichtungen mit einem breitgefächerten Angebot rehabilitativer Maßnahmen unter Einbeziehung von Experten unterschiedlicher Professionen und Verwendung moderner technologischer Hilfsmittel. Dadurch konnte im institutionellen Rahmen einerseits ein qualitativ hochwertiges Leistungsangebot realisiert werden, andererseits gibt es eindeutige Hinweise darauf, daß die Rehabilitationseinrichtungen selbst den Charakter eines "institutionellen Risikofaktors" haben können. Die Größe der Institution und die Breite des Angebotsspektrums verlangen eine Zentralisierung der Rehabilitationseinrichtungen. Dadurch entsteht eine "Gemeindeferne" mit der Folge, daß Rehabilitanden von ihren Familien und Freundeskreisen getrennt werden. Bei der Vielzahl der am Rehabilitationsprozeß beteiligten Therapeuten können kaum stabile und dauerhafte Beziehungen aufgebaut werden; für die Betroffenen sind Zuständigkeiten und Entscheidungen innerhalb des Rehabilitationsprozesses nur bedingt transparent; dies reicht von der finanziellen Zuständigkeit der Träger der Maßnahmen bis hin zu den therapeutischen Entscheidungen. Die Folge ist, daß sich die Rehabilitanden häufig fremdbestimmt fühlen und nicht hinreichend darauf vorbereitet werden, ihren Rehabilitationsprozeß aktiv zu gestalten.

Zweiter Kritikpunkt: Das Fehlen ambulanter rehabilitativer Maßnahmen. Die bisherigen Bemühungen richten sich vor allem auf die Phase der stationären Rehabilitation. Zwar erhält der Betroffene in einer frühen Phase des Rehabilitationsprozesses eine intensive Unterstützung, wenn er aber zur Familie und an den Arbeitsplatz zurückkehrt und beweisen muß, ob er mit seiner eingeschränkten körperlichen oder psychischen Leistungsfähigkeit zurechtkommt, ist er weitgehend auf sich gestellt.

Dritter Kritikpunkt: Die unzureichend entwickelte Verbindung zwischen der medizinischen und der beruflichen Rehabilitation. Vom Gesetzgeber ist im Reha-Angleichungsgesetz von 1974 eine enge Verzahnung dieser beiden Zweige, nämlich der medizinischen und der beruflichen Rehabilitation, intendiert gewesen. Auf der institutionellen Ebene haben sich jedoch zwei nur bedingt aufeinander abgestimmte Bezugssysteme für die medizinische und berufliche Rehabilitation entwickelt. Überlegungen zur beruflichen Re-Integration setzen meist erst in einem bereits weit fortgeschrittenen Stadium der medizinischen Rehabilitation ein. Weiterhin liegt der Schwerpunkt der Förderung hier auf längerfristig angelegten und stark formalisierten Umschulungsmaßnahmen mit qualifiziertem Berufsabschluß, typischerweise in Berufsförderungswerken. Diese kommen aber nur für einen beschränkten Kreis von Rehabilitanden in Frage. Ein flexibles, zeitbegrenztes Hilfsangebot beruflicher Umstellung, wie es in angloamerikanischen Ländern beispielsweise angeboten wird, fehlt in der Bundesrepublik im wesentlichen.

Besonders am Herzen liegt mir der vierte Kritikpunkt: Defizite in der psychosozialen Rehabilitation. Für eine psychosoziale Rehabilitation fehlt ein ähnlich differenziertes Netz von Angeboten, wie es in der medizinischen und in der beruflichen Rehabilitation verwirklicht ist. Das hat zum einen die Folge, daß die Betroffenen im Rehabilitationsprozeß nur unzureichend die Gelegenheit haben, sich unter fachlicher Anleitung mit den emotionalen Reaktionen auf ihre Krankheit, also mit ihren Ängsten, Depressionen, ihrem eingeschränkten Selbstwertgefühl auseinanderzusetzen und eine Neuorientierung der Ansprüche und Lebensziele auf die veränderte Situation weitgehend unterbleibt. Eine Hilfe bei der Bewältigung der Krankheit und der Behinderung sowie eine angemessene Vorbereitung auf die zu erwartenden Belastungen durch die eingeschränkte Leistungsfähigkeit und die Veränderung in Beruf und Familie finden nicht oder fast nicht statt. Weiterhin sind die Rehabilitationsmaßnahmen nicht darauf angelegt, Umstellungen von Gesundheitsverhalten und Lebensweisen einzuleiten.

Das Defizit an psychosozialen Maßnahmen innerhalb der Rehabilitation ist aber auch noch unter einem anderen Gesichtspunkt problematisch. Eine volle Wirksamkeit medizinischer und beruflicher Rehabilitationsmaßnahmen ist nur erreichbar, wenn diese die psychologischen Rahmenbedingungen eines Wirksamwerdens berücksichtigen. So setzen z.B. berufliche Umschulungsmaßnahmen einen Motivierungsprozeß voraus, und ein Funktionstraining wird nur dann seine volle Wirksamkeit entfalten, wenn eine gute Compliance des Rehabilitanden erreicht wird.

Aus psychologischer Sicht sollten Rehabilitationsmaßnahmen unter dem Leitmotiv "Hilfe zur Bewältigung der Behinderung" stehen. Dabei ergibt sich bezüglich der als relevant erachteten Zielsetzungen der Rehabilitation das Problem, daß aus unterschiedlicher Perspektive, aus der Sicht des Betroffenen, des Partners, der Familie oder des professionellen Helfers andere Prioritäten gesetzt werden können. Wichtig erscheint bei der Festlegung von Rehabilitationszielen, den Betroffenen auf jeden Fall aktiv in den Diskussionprozeß miteinzubeziehen, seine Wünsche ernst zu nehmen und Widerstände gegen bestimmte Ziele, die von Seiten des professionellen Systems an ihn herangetragen werden, offen zu diskutieren, um sie evtl. abzubauen. Die einzelnen Rehabilitationsmaßnahmen müssen daraufhin überprüft werden, ob sie in ihrer Art und Intensität, im Hinblick auf ihre Rahmenbedingungen und ihren zeitlichen Einsatzpunkt wirklich zum Erreichen der vorher vereinbarten Bewältigungsziele beitragen. Damit ist die Forderung nach Integration und Kontinuität der Maßnahmen ebenso gestellt wie die nach Berücksichtigung der prozeßhaften Entwicklung der Anpassung eines Individuums an Krankheit und Behinderung.

8. Der professionelle Helfer im Rehabilitationssystem

Lassen Sie mich noch kurz auf die Frage der Professionellen im Rehabilitationssystem eingehen; auch sie sollen in ihren Bedürfnissen und Schwierigkeiten nicht unberücksichtigt bleiben.

Die Hilfe zur Selbsthilfe, die Förderung der möglichst weitgehenden Verselbständigung des Behinderten ist für den Helfer, vor allem den professionellen Helfer, eine schwierige Aufgabe: Wir kennen auch alle das burn-out-Syndrom, also das Ausgebrannt-Sein, gerade von professionellen Helfern in der Behinderten-Arbeit. Dies hängt z.T. damit zusammen, daß der professionelle Helfer in einer gewissen

Weise seine eigene berufliche Tätigkeit auf's Spiel setzen muß: Hilfe zur Rehabilitation ist nämlich dann am erfolgreichsten, wenn sie sich überflüssig macht. Der Helfer ist dadurch zu einer großen Flexibilität gezwungen, indem er sich z.B. immer wieder auf neue Rehabilitanden einstellen muß, und zu einem möglichst geringen Narzißmus: er sollte seine eigenen Wünsche, Bedürfnisse und Vorstellungen möglichst weit zurückstellen. So muß er sich beispielsweise trotz eines auch emotional großen Engagements vom Objekt dieses Engagements, nämlich dem Behinderten, lösen können. Auch seine eigenen Normen und sein eigenes Anspruchsniveau hat er zurückzustellen; seine Normen und Ansprüche etwa hinsichtlich der Gestaltung bestimmter Lebensaspekte; wie Geordnetheit, Sauberkeit und Organisiertheit muß er hinterfragen bzw. relativieren im Vergleich zur Bedeutung des Wertes von Selbständigkeit und Autonomie eines Behinderten. Zur Verdeutlichung: Was bedeutet ein nach sozusagen bürgerlichen Maßstäben ordentlicher Haushalt im Vergleich zur erreichten Unabhängigkeit von fremder Hilfe?

9. Ziele und Forderungen zur Verbesserung des Rehabilitationsprozesses

Einige sicher ganz beliebig erweiterbare Ziele und Forderungen zur Verbesserung des Rehabilitationsprozesses möchte ich nennen:

- Die Aufenthaltsdauer in Rehabilitationseinrichtungen sollte möglichst kurz gehalten werden und die dortigen Maßnahmen auf das Ziel der Verselbständigung ausgerichtet sein.
- Einrichtungen und deren Hilfe sollten auf einer möglichst gemeindenahen und ambulanten Basis ausgerichtet sein; zumindest sollten diese Maßnahmen gleichwertig finanziell bedacht werden, wie stationäre Rehabilitationsmaßnahmen.
- Gemeindenahe Rehabilitationsangebote sollten so gestaltet werden, daß sie die Möglichkeit zunehmender Verselbständigung des Behinderten bieten.
- Die möglichst weitgehende Selbstbestimmung und Selbstverantwortung der Betroffenen hinsichtlich ihrer Lebens- und Hilfeleistungssituation sollte gewährleistet sein.
- Das Rehabilitationssystem sollte wesentlich flexibler werden, und auch bei der anstehenden Pflegekosten-Neuregelung sollte die Möglichkeit des Verbleibs von hilfe- und pflegebedürftigen Personen in ihrer gewohnten Umgebung unterstützt werden.

10. Ein Selbstzeugnis

Abschließend soll ein Behinderter selber zu Wort kommen. Da dieses Selbstzeugnis sehr klar die Bedeutung gemeindenaher Rehabilitation herausstellt, hätte es vielleicht schon genügt, um zu verdeutlichen, was in diesem Vortrag ausgesagt werden sollte. Hier sei ein Teil dessen zitiert, was Daniel Stirnimann-Letzel beim Internationalen Symposion der Stiftung zur Förderung körperbehinderter Hochbegabter (Zürich, November 1988) vorgetragen hat:

"Als schließlich, ich war 8 Jahre, ein Arzt einen Rückenmarktumor bei mir diagnostizierte und mich ins Spital einwies - es waren gerade Schulferien - machte mir nicht die Diagnose, deren Tragweite ich ja noch gar nicht abschätzen konnte, Sorgen, sondern die Angst, nicht rechtzeitig wieder in die Schule zu kommen.

Die anschließende zweijährige Spitalzeit wurde Bruch und Umbruch. Körperlich gesehen wurde ich vom "normalen", nichtbehinderten Kind zum behinderten. Und mein Alltag veränderte sich gewaltig. Bisher waren die Eltern die Autoritäten, die befanden, welche Lebensschritte anstanden, wo und wie sie zu bewerkstelligen waren. Jetzt auf einmal, obwohl ich mich wieder selbständig anziehen und bewegen konnte, entschieden nicht mehr meine Eltern, sondern Ärzte, was für mich gut und richtig sei. Und richtig waren Wohnen im Spital, Physiotherapie und Schulbesuch in der Klinikklasse. Nach zwei Jahren Leben und Wohnen im Spital entschied die Klinikleitung, daß ich aufgrund meiner guten Schulleistungen aus der Zeit vor dem Spital wohl besser mit meinen Krücken die Regelschule besuchen sollte.

Zum Glück. Was wäre wohl aus mir geworden, wenn die Operation vor der ersten Regelschulerfahrung erfolgt wäre? Hätte ich dann wohl den Mut gehabt, diese Herausforderung anzunehmen? Mit dem Besuch der Regelschule und dem damit verbundenen Leben in der Familie kam ich in den Genuß einer Erfahrungswelt, die ich nicht missen möchte und die mir von zentraler Bedeutung für die Entwicklung von Begabung zu sein scheint. Zuerst und vor allem hat mich das Leben außerhalb des "Glashauses Spital und Sonderklasse" täglich neu konfrontiert mit der Besonderheit meiner Situation und den daraus im Alltag resultierenden Problemen. Anders ausgedrückt: Die Hürden der normalen Umwelt forderten und förderten mein Problemlöseverhalten und bewahrten mich davor, zum sozialen Kümmerling zu werden. Ich konnte nicht ausweichen, sondern mußte mich darum kümmern, wenn ich mich in dieser Umgebung behaupten wollte. Geschenkt haben mir die Klassenkollegen und Spielkameraden nichts.

Die Gefahr, die ein solches Leben in "ungeschützter" Umgebung mit sich bringt, läßt sich in einem Begriff zusammenfassen: die Gefahr der Kompensation. Gute schulische Leistung zu bringen, war mir ja bis dahin nicht schwergefallen. Jetzt aber bekam diese Fähigkeit ein ganz besonderes Gewicht. Sie war mein Kapital zum Mithalten, war das Kapital, auch mal aufzufallen und nicht nur, weil ich anders aussah als die anderen. Und von hier an wird es gefährlich: Beginnt sich der

Drang zu verselbständigen, sich zu beweisen, daß man mithalten kann, ist man geneigt, die Überzeugung zu nähren: Ich bin verkrüppelt, also halb. Aber ich leiste doppelt, also bin ich." Eine der möglicherweise daraus folgenden Nebenerscheinungen, die ja durchaus auch vielen Nichtbehinderten bekannt ist, lautet: Die sozialen Kontakte verkümmern, da das Leben im nicht leistungsbezogenen Umfeld zu kurz kommt. Das ist in jedem Fall problematisch, wirkt sich aber für den Behinderten besonders gravierend aus, da er normalerweise zum Nichtbehinderten hin eine größere soziale Distanz bewältigen muß. Um diese zu überwinden, muß er häufig Vor-"leistungen" erbringen, in der ganzen Doppeldeutigkeit des Begriffs. Deshalb meine ich, daß das Vorhandensein, respektive die Förderung von sozialer Kompetenz gerade für den Behinderten von eminenter Bedeutung ist.

Nach meiner Erfahrung ist dazu kein aufwendiges pädagogisches Programm nötig, sondern eine Lebe- und Lernumgebung, die genügend Freiraum und Anreiz für eigene Erfahrungen und Entdeckungen gibt. In meinem Fall hieß das konkret: großzügige, nicht ängstliche Eltern und ein viereinhalb Jahre jüngerer Bruder. Relativ früh schon durften mein Bruder und ich zusammen allein auf Fahrt. Die Gesetze unseres Zusammenlebens hießen: Er trug den Rucksack und ich die Verantwortung. Das war eine beiderseits befriedigende Angelegenheit. Er half mir so über körperliche Hindernisse hinweg, ich eröffnete ihm unter dem Deckmantel meines "reiferen Alters" und meiner "seriösen Art" Abenteuerferien, die ihm unsere Eltern alleine nicht erlaubt hätten. Neben der positiven Erfahrung einer geglückten "Symbiose" ist nicht zu unterschätzen, was es gerade für einen immer wieder auf Hilfe angewiesenen Behinderten heißt, wie in diesem Falle vollgültig Verantwortung zu übernehmen. Ich jedenfalls habe daraus viel Selbstvertrauen und Unternehmungsgeist gewonnen, die Basis auch für meine private und berufliche Befriedigung.

Aufgrund meiner Erfahrung plädiere ich für Regelschule und normale Alltagswelt. Sie fordern und fördern Behinderte und gleichermaßen Nichtbehinderte genau an dem Punkt, der ja erklärtermaßen ein zu erreichendes Ziel ist, nämlich die Fähigkeit, nicht nur nebeneinander, sondern miteinander zu leben. Man soll das Kind nicht mit dem Bade ausschütten, werden einige denken. Sicher muß auch eine akzeptierende und unterstützende Begleitung von Erziehern und Bezugspersonen gewährleistet sein, damit eine fordernde Auseinandersetzung Förderung und nicht Überforderung wird. Aber wer sich Integration zum Ziel setzt, darf dabei nicht nur beim Behinderten ansetzen, sie ist ein gegenseitiger Prozeß, nicht Endzustand."

LITERATURVERZEICHNIS

Bundesarbeitsgemeinschaft für Rehabilitation (Hrsg.): Die Rehabilitation Behinderter. Wegweiser für Ärzte, Köln 1984

Davis, F.: Deviance Disavowal: The management of strained interaction by the visibly handicapped, in: Becker, H.S.: (ed.): The Other Side, New York 1964. S. 114 - 137

Ferber, C.v.: Auswirkung und Bewältigung von Behinderung: soziologische und sozialpolitische Zugangsweisen, in: Koch / Lucius-Höne / Stegie (Hrsg.): Handbuch der Rehabilitationspsychologie. Berlin 1988

Forster, R. / Pelikan, J.M.: Krankheit als Karriere-Prozeß, in: Österreichische Zeitschrift für Soziologie, Jg. 2 (1977) Heft 4, S. 29 -32

Hahn, M.: Behinderung als soziale Abhängigkeit: Zur Situation schwerbehinderter Menschen, München 1981

Helander, E.: The activities of WHO in rehabilitation, in: International Journal of Rehabilitation Research, Jg. 2 (1979) Suppl. 1 to Vol. 2, S. 11 - 13

Liebermann, M.A.: The Effects of Social Supports on Responses to Stress, in: Goldberger, L. / Breznitz, S. (eds.): Handbook of Stress. Theoreticial and Clinical Aspects, New York 1982, S. 764 - 783

Mutters, T.: Die soziale Integration geistig behinderter Menschen. in: Psychiatrische Praxis, Jg. 1981, S. 108 - 112

Rüggeberg, A.: Autonom Leben - Gemeindenahe Formen von Beratung, Hilfe und Pflege zum selbständigen Leben von und für Menschen mit Behinderungen (Bd.173 der Schriftenreihe des BMJFG), Stuttgart 1985

Schindele, R.: Communication and cooperation between professionals in the field of rehabilitation, in: International Journal of Rehabilitation Research, Jg. 2 (1979), S. 5 - 20

Seifert, K.H. / Stangl, W.: Einstellungen zu Körperbehinderten und ihrer beruflich-sozialen Integration, Bern 1981

Stirnimann-Letzel, D.: Vortrag beim "Internationalen Symposion der Stiftung zur Förderung körperbehinderter Hochbegabter", Zürich, im November 1988

VORSTUDIEN ZUR REGIONALISIERUNG DER SOZIALEN ARBEIT MIT KÖRPERBEHINDERTEN AM BEISPIEL DER REGION RHEINHESSEN/NAHE-HUNSRÜCK

Lothar Bastian

Im folgenden dreiteiligen Referat berichten wir über die ersten Ergebnisse einer Pilotstudie, die empirische Basisdaten für die Regionalisierung der Arbeit mit körperbehinderten Menschen fundieren sollen.

1. Regionalität als Planungsprinzip

Regionalität als Planungsprinzip bedeutet in unserem Zusammenhang, daß die Körperbehinderten einer umschriebenen Region innerhalb dieser ein Versorgungs-, Wohn- und Betreuungsangebot vorfinden, welches in seiner Differenziertheit allen vorkommenden unterschiedlichen Bedarfslagen von Körperbehinderten gerecht wird. Um die Sinnhaftigkeit und Möglichkeit eines solchen, den herkömmlichen Versorgungsprinzipien entgegenstehenden, Modells überprüfen zu können, erscheinen zweierlei Untersuchungen notwendig zu sein:

1. Die Abgrenzung einer Region, in der die festgestellten bzw. zu erwarteten Behindertenzahlen in einer Größenordnung liegen, die ein eigenständiges Versorgungssystem als sinnvoll erscheinen lassen;
2. eine Untersuchung der unterschiedlichen differenzierten Bedarfsstrukturen von Körperbehinderten in eben einer solchen Region.

1.1 Bestehende regionale Orientierungen und Abgrenzungen

Bei der Festlegung dessen, was wir als "Rehabilitations-Region" verstehen wollen, scheinen naturgemäß zunächst die bestehenden regionalen Einheiten, vor allem die Verwaltungsgrenzen, das Vorbild abgeben zu können; ich spreche hier von Verbandsgemeinden, Landkreisen und Regierungsbezirken. Zusätzlich zu diesen politisch-historisch bedingten Verwaltungsgrenzen haben sich in den letzten Jahren und Jahrzehnten Regionen und Einzugsgebiete entwickelt, die teilweise festgeschrieben, teilweise nur informell sind. Ich denke hierbei vor allem an die Planungsregionen der Landesentwicklungsplanung und die regionalisierten Einzugsbereiche von Schulen, Behinderteneinrichtungen und sonstigen sozialen und pädagogischen Institutionen. Gänzlich informell, aber nichtsdestoweniger von faktischer Bedeutung, sind soziokulturelle Einzugsgebiete, die sich aufgrund von Käufer- und Pendlerströmen, Arbeitsplatz- und Wohngebietsentwicklungen in den letzten Jahrzehnten um bestimmte Städte herum ausgebildet haben.

Übersicht 2

Die Region RHEINHESSEN/ NAHE/ HUNSRÜCK

in Rheinland-Pfalz

1.2 Probleme der bestehenden Regionalitäten

Diese bestehenden regionalen Abgrenzungen sind aber alle mit Problemen behaftet, wenn man sie in Hinblick auf Rehabilitation überprüft; insbesondere lassen sich die Landkreise und Regierungsbezirke, deren Grenzen zum größten Teil nur noch historisch erklärbar sind, kaum mehr mit den seit den 50er Jahren entstandenen soziokulturellen und sozioökonomischen Regionen in Einklang bringen. Diese informellen Regionen bestimmen sowohl Bewußtsein wie reales Mobilitäts- und Orientierungsverhalten der Bevölkerung. Letzteres wird vor allem durch die Vorläufe von Verkehrswegen bestimmt, die sich ebenfalls mehr nach wirtschaftlichen und sozialen Zusammenhängen richten, als nach den Verwaltungsgrenzen. Dies gilt besonders in unserer Region, in der 2, früher 3 Regierungsbezirke aneinander stossen; das reale Mobilitäts- und Orientierungsverhalten ignoriert diese Verwaltungsgrenzen jedoch weitgehend, wodurch das Gebiet Rheinhessen/Nahe/Hunsrück de facto enger zusammen gehört als dies die Verwaltungskarte suggeriert.

1.3 Kriterien für eine "Rehabilitations-Region"

Als wesentliche Kriterien für die Abgrenzung einer "Rehabilitations-Region" gelten für uns drei unterschiedliche Setzungen:

Zum ersten bleibt zu berücksichtigen, daß es eine historisch gewachsene Struktur der Rehabilitationsversorgung in Rheinland-Pfalz gibt, die zunächst einmal als Arbeitshypothese den Ausgangspunkt bilden soll.

Zum zweiten ist für die Festlegung einer Region, in der nicht nur vollstationäre, sondern auch teilstationäre und ambulante Versorgung stattfinden soll, die Erreichbarkeit eines Versorgungsangebotes wesentlich. Hierbei wird üblicherweise von der Dauer der PKW-Fahrt vom Wohnort zum Versorgungsort ausgegangen, wobei in der Sozialplanung einer Regionalisierung Fahrzeitbezirke von etwa 30 bis 60 Minuten als zumutbar abgegrenzt werden.

Drittes Kriterium sind die o.a. angeführten, informellen Regionen der mentalen und realen Orientierungen und Mobilitäten.

1.4 "Reha"-Infrastruktur von Rheinland-Pfalz

Im Bereich der Körperbehinderten-Arbeit haben sich, z.T. seit langer Zeit (wie hier in den Diakonie-Anstalten), z.T. erst in den letzten Jahren, Zentren entwickelt, die man dem Süden, der Mitte und dem Norden von Rheinland-Pfalz zuordnen kann. Auch die Standorte der Sonderschulen für Körperbehinderte lassen sich zwanglos in diese Regionen einteilen; so haben wir im Süden um Landstuhl herum

Übersicht 3a

Standard-Versorgungsgebiet NAHE/ HUNSRÜCK

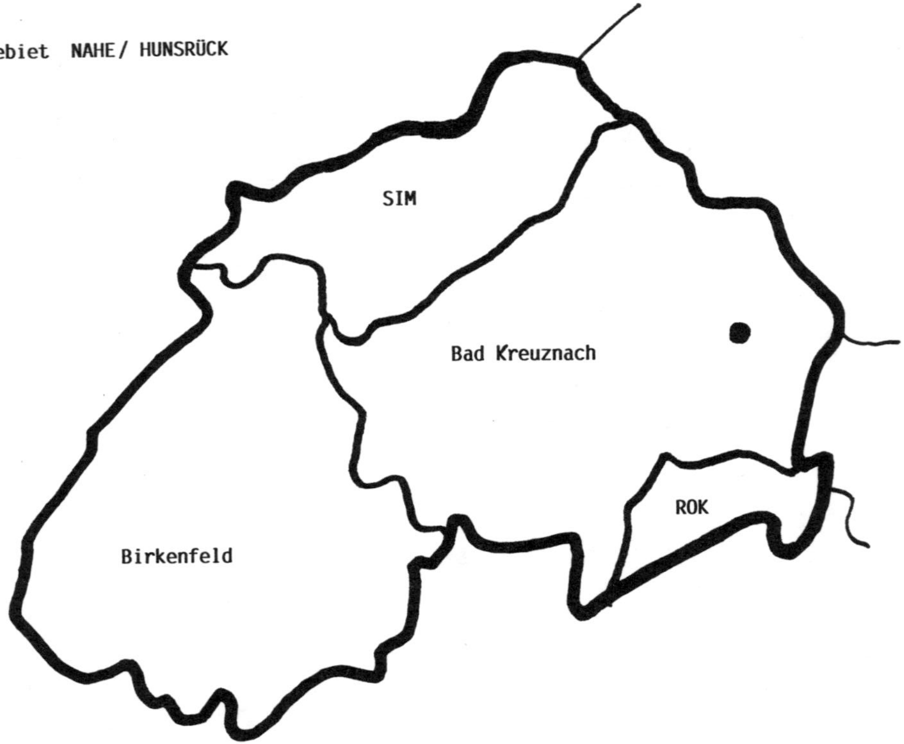

eine mögliche Versorgungsregion Süd; im Norden markiert Neuwied das Oberzentrum der Rehabilitationsregion; so daß wir im Mittelbereich von Rheinland-Pfalz mit dem Zentrum Bad Kreuznach eine eigenständige Rehabilitationsregion abgrenzen können. Wie im weiteren noch auszuführen sein wird, ist auch der in diesen Regionen zu erwartende zahlenmäßige Anteil der hilfebedürftigen Körperbehinderten in einer Größenordnung zu finden, die eine sinnvolle Rehabilitations-Infrastruktur zu erwarten läßt.

1.5 Vorschlag für eine Regionen-Aufteilung

Gemäß meinen bisher skizzierten Vorbedingungen teile ich unsere in Frage kommende Region Rheinland-Pfalz-Mitte in zwei verschiedene Gliederungsebenen; dafür benutze ich die aus der Sozialpsychiatrie bekannten Begriffe "Standardversorgungsgebiet" (SVG) und "Übergeordnetes Versorgungsgebiet" (ÜVG). Genau wie auch in der Sozialpsychiatrie angestrebt, ist das ÜVG etwa gleich zusetzten mit dem Einzugsbereich vor allem stationärer Einrichtungen, während die umfangsmäßig darunter liegenden SVG teilstationäre und ambulante Angebote enthalten sollen.

1.5.1 Übergeordnetes Versorgungsgebiet (ÜVG)

Das ÜVG Rheinhessen/Nahe/Hunsrück ist eine Kombination aus verschiedenen, oben bereits angesprochenen Regionen; vor allem der in der Landesplanung abgegrenzten Region Rheinhessen/Nahe plus der für viele sonstigen Einrichtungen bedeutetenen Gebietseinheiten Nahe/Hunsrück. Ersteres umfasst die Landkreise Mainz-Bingen, Alzey-Worms, Bad Kreuznach und Birkenfeld und wird ergänzt durch die Verbandsgemeinden des alten Kreises Simmern im Norden und im Süden durch die Verbandsgemeinden der Nordpfälzer Region um Obermoschel und Alsenz. Diese Regionalabgrenzung entspricht weitgehend dem tatsächlichen, informellen regionalen Einzugsgebiet; auch die Mobilitätsströme, Pendler- und Käuferbewegungen sind im ÜVG weitgehend korrekt abgebildet. Für das wichtige Kriterium der Fahrzeiten ergibt sich günstigerweise eine Mittelpunktlage von Bad Kreuznach, die es zuläßt, von jedem Ort der Region innerhalb von einer PKW-Stunde in Bad Kreuznach zu sein. Einwohnermäßig bewegt sich das ÜVG in der Größenordnung von etwa 735 000 Einwohnern (Stand von 1987), wenn die Stadt Mainz ein-, die Stadt Worms ausgeschlossen ist.

1.5.2 Standard-Versorgungsgebiet (SVG)

Das ÜVG Rheinhessen/Nahe/Hunsrück als Rehabilitationsregion läßt sich sinnvoll

Übersicht 3

Rehabilitations-Region RHEINHESSEN / NAHE / HUNSRÜCK
Übergeordnetes Versorgungsgebiet (ÜVG)

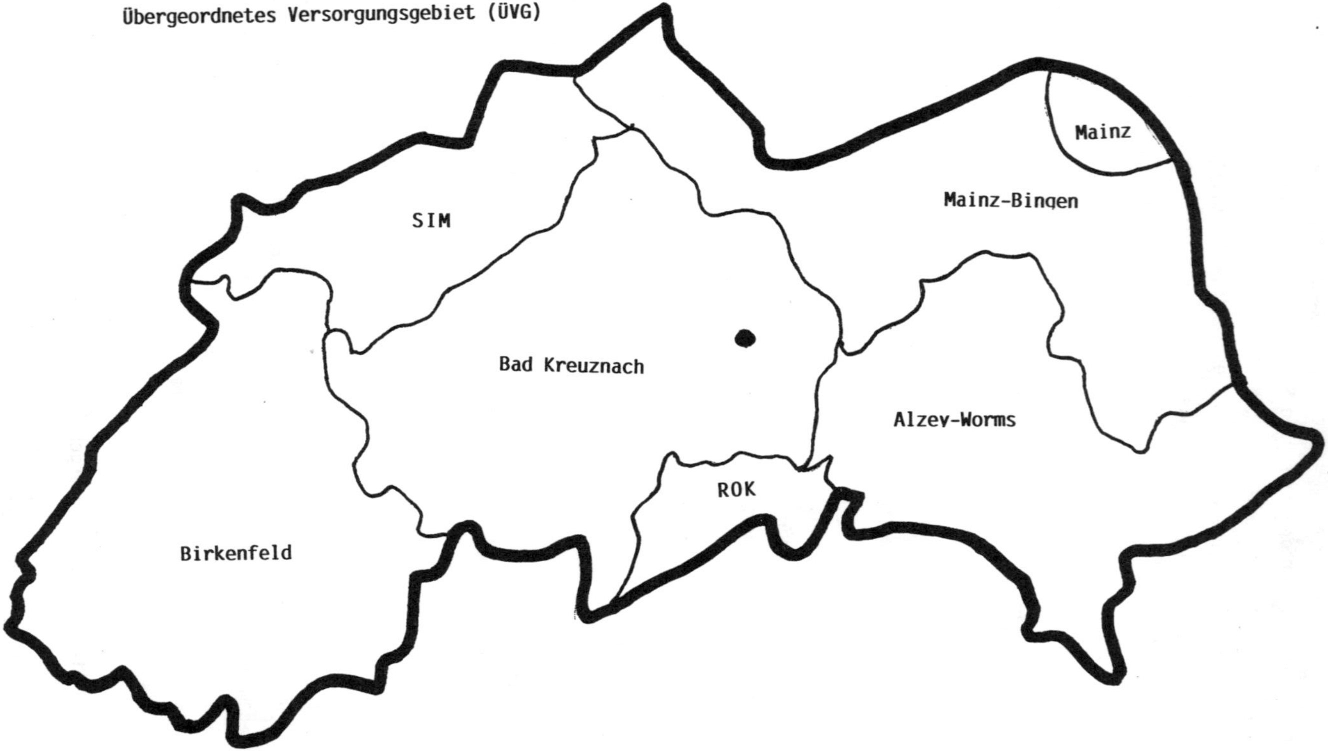

in zwei SVG aufteilen, die ebenfalls dann den traditionellen Regionalitäten entsprechen könnten. Das eine wäre das SVG Nahe/Hunsrück, das andere wäre SVG Rheinhessen. In den folgenden Betrachtungen beziehe ich mich immer dabei auf das SVG Nahe/Hunsrück, das etwa 335 000 Einwohner hat; darin liegt Bad Kreuznach allerdings verkehrsmäßig nicht mehr zentral, sondern eher am Rand verortet, obwohl auch die Stadt Bad Kreuznach im SVG Nahe/Hunsrück eine gewisse Zentrumsfunktion in soziokultureller und sozioökonomischer Hinsicht hat. Außerdem wäre dieses SVG identisch mit einigen Einzugsgebieten und Regionengrenzen, die bereits vorhanden sind: Beispielsweise der externe Schüler der hiesigen K-Schule; der Behinderten in den WfBs in Idar-Oberstein und Bad Kreuznach; dem Arbeitsamtsbezirk Bad Kreuznach sowie dem Einzugsgebiet für Käufer und Dienstleistungs-Nutzer für Bad Kreuznach und Idar-Oberstein. Das zweite SVG "Rheinhessen" bestünde dann aus den Landkreisen Alzey-Worms und Mainz-Bingen sowie der Stadt Mainz. Auch für eine solche Regionalaufteilung gibt es viele Vorbilder sowohl auf Verwaltungsbezirksebene, wie auch auf der Ebene der realen Mobilitätsbeziehungen der Bevölkerung.

2. Größenordnung des Nutzer-Potentials

Bei der Frage nach der Größenordnung des Klientenpotentials einer Rehabilitations--Region stellt sich als erstes die Frage nach der korrekten Abgrenzung dessen, was als Körperbehinderung bezeichnet werden soll. Grundsätzlich will ich zu den methodischen Fragen der quantitativen Erfassung und Abgrenzung der Gruppe von Behinderten nicht in aller Breite Stellung nehmen, dies ist in der fachlichen Diskussion der letzten 15 - 20 Jahren bereits zur Genüge geschehen.

2.1 Grundsätzliche Probleme der "Behinderten-Statistik"

Was für unsere Zwecke aber dennoch festgehalten sein soll, ist die Notwendigkeit einer grundsätzlichen Entscheidung zwischen zwei grundsätzlich und konzeptionell verschiedenen Abgrenzungskriterien. Zum einen gibt es ja die traditionelle Herangehensweise, die vor allem kausal orientiert ist; d.h. es wird nach Ursachen oder Erscheinungsformen bzw. Ausprägungsgraden von Behinderungsformen gefragt. Die zweite Herangehensmöglichkeit ist die einer finalen Definition; dabei gilt weniger die Art der Behinderung als Kriterium, sondern vielmehr der Umfang und der Ausprägungsgrad des Unterstützungs- und Hilfsbedarfes, den ein Behinderter hat. Für unser Projekt erscheint mir der zweite Ansatz der vielversprechendere zu sein, obgleich er noch jüngeren Datums ist; fast alle bisherigen Versuche, Behinderte zu zählen, sind schon seit Biesalskis ersten Krüppelzählungen von 1906 aus einer kausalorientierten Methodologie hervor gegangen. Die nie befriedigend zu lösenden statistischen und empirischen Schwierigkeiten seit damals haben wohl dazu geführt, daß etwa seit 10 Jahren auch in der Behindertenstatistik die finale Ausrichtung Raum gewinnt. Es ist jedoch festzuhalten, daß eine regionalisierte Zählung der tatsächlichen hilfebedürftigen Körperbehinderten mit enormen Forschungsaufwand verbunden wäre; letztlich ließe sich eine genaue Größenordnung nur dadurch bestimmen, daß in der gesamten Region eine mehrfach gestufte Totalerhebung durchgeführt würde. Insbesondere für die Regionalisierung und deren Sozialplanung wäre eine solche finale Feststellung der Behindertenzahl durchaus sinnvoll, weil nur dann, wenn man die genauen Zahlen der Behinderten nach der Auswirkung ihrer Behinderung bezüglich Hilfebedarf hätte, lassen sich tatsächlich exakt Planungen der zukünftigen Einrichtungen und Versorgungsmöglichkeiten abgesichert aufstellen. Diese Erhebung ist konzipierbar, aber mit dem hier z.Z. von uns einsetzbaren finanziellen und personellen Resourcen im Moment nicht möglich. Wir haben uns daher darauf beschränkt, sämtliche verfügbaren statistischen und empirischen Untersuchungen bezüglich der Behindertenzahl zusammen zutragen, sie auf ihre Plausibilität hin abzuklopfen, und sie auf unsere Region herunter zu rechnen, um damit zu vergleichbaren Größenordnungen zu gelangen. Angesichts der ansonsten dürftigen Zahlenmaterialien, erscheint uns dieses Verfahren als erste quantitative Näherung durchaus legitim; wenn wir uns klarmachen, daß wir hier nicht tatsächlich empirisch erhobene Fakten aus unsere abgegrenzten Region haben, sondern lediglich Bevölkerungsanteile, die statistisch gesehen in unserer Region in der angegebenen Größenordnung auffindbar sein müßten.

2.2 Regionalisierte quantitative Angaben

Grundsätzlich haben wir als Basis unserer Berechnungen fünf groß angelegte Zahlenwerke zur Verfügung.

Das Erste, was tatsächlich auch regionalisiert vorliegt, ist die Zahl der Besitzer des "berühmten" Schwerbehindertenausweises, die einen Grad der Behinderung (GdB) von 50 % oder mehr haben.

Das Zweite sind die Untersuchungen und Erhebungen, die im Jahre 1983 bis 1985 im Auftrag mehrerer Bundesministerien vom Münchener Institut "Socialdata" gemacht wurden. Dies ist die erste Untersuchung, die die Behinderung ausschließlich nach finalen Gesichtspunkten zu beschreiben versucht hat. Im wesentlichen decken die Untersuchungen drei Bereiche ab, nämlich die Frage der Pflegebedürftigkeit, die Frage der Mobilitätseinschränkungen und die Frage der unterschiedlich ausgeprägten Hilfebedürftigkeit von Behinderten.

Dritte Quelle wäre die medizinischen Inzidenzraten bestimmter präzis abgrenzbarer Behinderungsformen, also die klassische kausale Abgrenzung, die in verschiedener

Genauigkeit für einzelne Behinderungsformen vorliegt.

Eine vierte ganz anders geartete Quelle ist der, aufgrund der kompletten Erfassung sehr gut dokumentierbare, Schulbesuch; hier lassen sich die Anteilswerte der Schüler an Sonderschulen für Körperbehinderte in Vergleich setzen zur Schüler-Gesamtzahl.

Als fünftes soll zitiert werden eine inzwischen 12 Jahre alte Totalerhebung aus Niedersachsen, die das bislang präziseste, mehrstufige Verfahren zu einer Bestimmung des Anteils körperbehinderter Kinder und Jugendlichen darstellt. Auch ist dies eine Erhebung, die sich am klassischen Kausalmodell der Erfassung von Behinderungen orientiert.

In einer Zusammenschau dieser verschiedenen Untersuchungen läßt sich dann - unter Würdigung der unterschiedlichen Qualitäten der Arbeiten - eine Spannweite bestimmen, in der die Behindertenzahl unserer Region als höchst wahrscheinlich anzunehmen ist. Eine eingehende Kritik und Würdigung der bisherigen und der auch hier angeführten Studien kann jetzt nicht in voller Breite erfolgen, bei Bedarf kann anschließend auf diese methodologischen Fragen eingegangen werden. Besonders wichtig und interessant wäre dies bei den "Socialdata"-Studien.

2.2.1 Schwerbehinderte

In recht genauer - nämlich auf Kreisebene festgestellter - Größenordnung lassen sich die Zahlen der Inhaber von Schwerbehindertenausweisen in unserer Region feststellen. Auch hier setze ich die Diskussion um die Fragwürdigkeit und Schwierigkeit der Zahlengröße voraus; möchte dennoch nicht darauf verzichten, weil sie als erste Orientierung von Wichtigkeit ist. In unserer Rehabilitations-Region, dem ÜVG Rheinhessen/Nahe/Hunsrück haben wir einen Anteil der anerkannten Behinderten (GdB größer als 50 %) von 8,10 % der Gesamtbevölkerung (Stand vom 31.12.1987). Dieser Anteil in absoluten Zahlen umgerechnet, bedeutet für das ÜVG eine Größenordnung von knapp 60 000, für das SVG ergibt sich eine Zahl von etwa 27 000. Selbstverständlich sind diese Zahlen nicht als zukünftige Nutzer von Körperbehinderten-Einrichtungen mißzuverstehen, aber sie markieren eine Größenordnung von gesundheitlich und körperlich eingeschränkten Menschen, die zumindest potentiell, insbesondere im vorgerücktem Alter, als Nachfrager von medizinisch-therapeutischen und rehabilitativen Leistungen in den nächsten Jahren und Jahrzehnten in Frage kommen. Selbst wenn man die amtlich anerkannten Behinderten über 55 Jahren sicherheitshalber herausrechnet (um alle altersbedingten körperlichen Beeinträchtigungen mit Gewissheit ausscheiden zu können), erhält man immer noch eine Quote von etwa 2,1 - 2,4 % der Bevölkerung (je nach Region).

Als absoluter Bevölkerungsanteil errechnet sich eine Größenordnung von etwa 18 000 im ÜVG, bzw. ca. 7 000 im SVG.

2.2.2 Repräsentativ-Erhebungen des BMAS und BMV durch das SOCIALDATA-Institut

Aus den verschiedenen Untersuchungen des Münchener Instituts "Socialdata" habe ich drei Werte errechnet, die den Kreis körperbehinderter Menschen umschreiben. Dies ist nicht ganz einfach, weil die Untersuchungen des Instituts nicht von den klassischen Aufteilungen in Behinderungsformen ausgeht, sondern vom Ausmaß der Hilfebedürftigkeit. Die Gruppe pflegebedürftiger Körperbehinderter über 6 Jahren, die im Privathaushalten wohnen (d.h. ohne Heimbewohner) umfaßt nach meinen eigenen Berechnungen etwa 1,9 % aller Deutschen in Privathaushalten. Davon sind wiederum etwa 2/3 als erheblich pflegebedürftig anzusehen. Wir kommen also hier zu einer Quote von etwa 1,3 % der Gesamtbevölkerung, was in unserer Region (SVG) einer Größenordnung von etwa 4 100 entsprechen würde; bzw. im ÜVG etwa 9 000.

Bei der Untersuchung des gleichen Instituts, die die Mobilität von Behinderten zum Untersuchungsziel hatte, wurden Rollstuhlbenutzer, d.h. diejenigen Behinderten, die ausschließlich oder vorwiegend den Rollstuhl benutzen, gezählt. Hierbei kam man auf einen Anteil von insgesamt 0,68 % aller Deutschen (wiederum ohne Heimbewohner!) Rollstuhlbenutzer. Für unsere beiden untersuchten Regionen bedeutet dies 1 800 bzw. 3 900 Rollstuhlfahrer.

Es muß jedoch bei den Untersuchungen von "Socialdata" erwähnt werden, daß hierbei die überwiegend oder ausschließlich aus Altersgründen Behinderten in die Untersuchungen miteinbezogen worden sind. Dies ist im Sinne einer final ausgerichteten Betrachtungsweise auch korrekt; ergibt für unsere Zwecke jedoch wahrscheinlich etwas überhöhte Werte, da wir die Altersbehinderung ausschließen möchten.

2.2.3 Sozialmedizinische Inzidenzraten

Gestützt werden diese Angaben durch die Zusammenschau der sozialmedizinisch gefestigten Inzidenz- und Prävalenzraten von abgrenzbaren Behinderungsformen, die im folgenden Referat von Dr. Schmidt-Ohlemann noch im Einzelnen erläutert werden. Zusammengerechnet kommen wir hier auf eine Summe der verschiedenen Inzidenzraten von etwa 1 % der Gesamtbevölkerung. (vgl. hierzu Schmidt-Ohlemann, in diesem Band S. 77)

2.2.4 Totalerhebung Niedersachsen

Aus einer Totalerhebung, die vor etwa 12 Jahren im Bundesland Niedersachsen durchgeführt worden ist, ergab sich eine, mittels mehrstufigen Verfahrens festgestellte, Anteilszahl von 0,46 % körperbehinderter Kinder und Jugendlicher (bis 25 Jahren) an den im gleichen Zeitraum lebend Geborenen. Diese sozialmedizinisch orientierte Untersuchung kann zwar nicht umstandslos auf unsere in Frage kommende Region übertragen werden, aber bei der durchaus ähnlichen soziokulturellen und sozioökonomischen Struktur von Niedersachsen und Rheinland-Pfalz ergibt sich immerhin ein gewisser Anhaltspunkt für zu vermutende Größenordnungen. Die Zahl erscheint durchaus kompatibel mit den vorher genannten größeren Anteilen; denn die nach dem Jugendalter behindert gewordenen Menschen kommen ja zu den 0,46 % noch hinzu.

2.2.5 Sonderschul-Statistik

Ähnlich verhält es sich mit dem zunächst niedrig anmutenden Anteilswert von 0,4 % Schülern an Körperbehinderten-Schulen in den Klassen 1 bis 9 in unserem ÜVG, die sich im Schuljahr 1987/88 errechnen lassen; auch diese Größenordnung paßt durchaus zu den höheren Gesamtwerten, da nach der Schulzeit noch ein Teil der Behinderungen hinzu gekommen ist. Interessant an dieser Anteilsquote ist es im übrigen, daß sie entgegen den Prognosen des Landesbehindertenplanes von 1984 gestiegen und nicht gleich geblieben ist. Der Landesbehindertenplan vermutete vor 5 Jahren noch eine Quote von 0,2 %; die inzwischen tatsächlich erreichte Quote stellt eine Erhöhung um 100 % dar, die für zukünftige Planungen bezüglich der Perspektiver erwachsener Behinderter ebenfalls zum Tragen kommen müßte.

2.3 Eigener Größenordnungsvorschlag als Arbeitshypothese

Gehen wir nun daran, diese unterschiedlichen Anteilswerte aus methodisch vielfältigsten Untersuchungen auf unsere beiden Regionen zu übertragen, so gilt es einige Vorbedingungen zu reflektieren:

1. Die Gesamtzahl der Körperbehinderten ist größer als der Anteilswert der körperbehinderten Kinder und Jugendlichen, da im erwachsenen Alter vor allem aufgrund chronischer Erkrankungen noch Behinderte hinzu kommen.
2. Die Zahl der Körperbehinderten ist größer als die Zahl der Rollstuhlbenutzer, wobei diese nicht alle körperbehindert sind.
3. Die Zahl der Körperbehinderten ist kleiner als die von "Socialdata" angegebene Zahl pflegebedürftiger Körperbehinderter, da hier die Altersbehinderten herausgerechnet werden müssen.

4. Die Zahl der Körperbehinderten ist wahrscheinlich etwas kleiner als die sozialmedizinischen Inzidenzraten, da hier auch leichte und leichteste Formen von Behinderungen erfaßt werden, die keinen Hilfebedarf in unserem Sinne haben und deshalb nicht als "Körperbehinderte" gelten.

Vergleicht man nun die angegebenen Zahlenwerte, so ergeben sich bei dem Anteil der körperbehinderten Kinder und Jugendlichen Größenordnungen von 0,3 - 0,6 %, bei den Körperbehinderten insgesamt Größenordnungen zwischen 0,7 und 2 %. Unter Würdigung der vorher gemachten Einschränkungen gelangen wir zu der Hypothese, daß für unsere Region ein Behindertenanteil von erheblich körperlich beeinträchtigten Menschen (Kinder und Erwachsene) von mindestens 0,7 % angenommen werden kann; das bedeutet in absoluten Zahlen: im ÜVG sind etwa 5 100 Körperbehinderten zu finden, im SVG etwa 2 300. Da die meisten dieser Menschen nicht in stationären Einrichtungen leben, ist über ihre tatsächliche Wohn-, Arbeits- und Versorgungssituation nur sehr wenig bekannt. Es muß sich jedenfalls um eine Gruppe von Menschen handeln, die im wesentlichen ohne institutionelle Hilfen im Rahmen ihrer Familie, ihrer Angehörigen oder ganz selbständig leben; obwohl sie höchst wahrscheinlich auf fremde Hilfestellungen in verschiedestem Umfange angewiesen sind.

Die bei einer Regionalisierungs-Planung meist am Anfang stehende Frage nach dem möglichen Größenpotential kann man also sicherlich in der Weise beantworten, daß es weit mehr körperbehinderte Menschen mit Hilfebedarf geben muß, als man es bisher auf amtlicher und fachlicher Seite gedacht haben mag. Damit wiederholt sich aber nur das gleiche Phänomen, das nach den ersten Untersuchungen des Instituts "Socialdata" auch aufgetreten war: damals wurde zum erstenmal wissenschaftlich erhärtet, daß die Zahl der behinderten Menschen weitaus größer sein muß, als dies in den Jahren und Jahrzehnten vorher angenommen worden war. Wenn dem aber so ist, so hätten wir damit ein starkes Argument für eine konsequente Regionalisierung der Körperbehinderten-Arbeit; denn eine differenzierte Regionalisierung setzt für jede Bedarfslage eine gewisse Mindestgröße der nachfragenden Gruppe voraus.

3 Erste Ergebnisse unseres Untersuchungsprojektes: "Bedarfslagen und Versorgungslücken von körperbehinderten Menschen"

Nach der arbeitshypothetischen Festlegung einer Rehabilitations-Region, und nach der Vergewisserung über die zu erwartende Größenordnung der Gruppe von Körperbehinderten in dieser Region, haben wir versucht, die Bedarfslagen und Versorgungslücken exemplarisch empirisch festzustellen. Dabei haben wir durch "Expertenbefragungen" ganz besonders die Situation von Behinderten erhellen wollen, die nicht, noch nicht, oder nicht mehr in Einrichtungen versorgt werden. Die Methode der Expertenbefragung wurde deshalb angewendet, weil mit dieser Form der qualitativen

Studie am ehesten die Vielfalt der zu erfragenden Details erforscht werden kann. In der Zusammenschau mit den statistisch vermuteten Größenordnungen läßt sich daraus eine Art Pilotstudie formulieren; d.h. die tatsächlichen Bedarfslagen von Behinderten werden im Einzelnen festgestellt und klassifiziert, um dann (auf die statistischen Größen bezogen) eine erste Annäherung an die tatsächlich zu erbringenden Versorgungsleistungen zu versuchen. Was uns nicht möglich ist, weil es ein sehr umfängliches Forschungsprojekt voraussetzte, ist eine exakte Feststellung von Anzahl und Hilfebedarf; d.h. der Zahl in jeder Versorgungs- und Bedarfslage befindlichen Behinderten in unserer Region. Für unsere heutigen Zwecke ist dies auch nicht notwendig, sollte es nötig erscheinen, könnte es in Form eines Anschlußprojektes in größerem Umfange durchgeführt werden.

3.1 Aufteilung der Gesamt-Lebenssituation von Körperbehinderten nach wichtigen Bedarfslagen

Wir haben zum Zwecke der Untersuchung der Situation Behinderter in Privathaushalten deren Lebenslage nach verschiedenen Aspekten aufgeteilt; die Aufteilung ergab sich aus den Schwerpunkten, die die Betroffenen in den Interviews selbst gesetzt haben. Vorrangig wurde die finanzielle Situation benannt, d.h. die Frage, welche Einkünfte und Einkommensarten und in welcher Höhe vorliegen. Der zweite Aspekt betrifft den Bereich des Wohnens; der dritte Aspekt bezieht sich auf die pflegerisch-hauswirtschaftliche Versorgung im weitesten Sinne; der vierte Aspekt ist insbesondere für Rollstuhlfahrer sehr zentral, nämlich die Frage der Mobilität, insbesondere außerhalb der eigenen Wohnung. Fünfter Aspekt, der wiederum zurückführt zum ersten Punkt, ist der Bereich der Berufstätigkeit. Es ist uns klar, daß diese Reduktion einer komplexen Lebenssituation auf fünf Aspekte gleichzeitig eine Vernachlässigung anderer Gesichtspunkte beinhaltet; insbesondere sozio-psychologische und soziokulturelle Fragestellungen werden hierbei ausgeklammert. Dies erschien jedoch zunächst notwendig zu sein, um die Erhebungen in einen vertretbaren Umfang halten zu können.

3.1.1 Finanzielle Situation

Die finanzielle Situation Behinderter zeigt sich (wie auch aus der Literatur bekannt) insgesamt im gesellschaftlichen Vergleich als unterdurchschnittlich. Dies liegt vor allem daran, daß die wenigsten Behinderten ein Einkommen auf dem freien Arbeitsmarkt erzielen können, welches auch nur ungefähr mit der Einkommenssituation eines durchschnittlichen Arbeitnehmers gleichzusetzen wäre. Wie bekannt, ist die Arbeitslosigkeit unter Schwerbehinderten sehr hoch, und bei stärkeren körperlichen Einschränkungen ist (trotz beruflicher und schulischer Qualifikation) ein dauerhafter Einstieg in die Erwerbsgesellschaft nur in Ausnahmefällen möglich; meistens handelt es sich dabei um marginalisierte Arbeitnehmerpositionen. Diese Situation scheint nicht nur bei Körperbehinderten i.e.S. vorzuherrschen, sondern auch bei Menschen mit gesundheitlichen Einschränkungen und Handicaps, die trotz weitgehend erhaltener Leistungsfähigkeit auf dem Arbeitsmarkt kein Unterkommen finden. Der Anteil der Körperbehinderten, die soviel eigenes Einkommen erzielen können, daß ihnen daraus ein selbständiger Lebensunterhalt möglich ist, dürfte daher sehr gering sein. Im wesentlichen ist die finanzielle Basis von Behinderten daher in verschiedenen Arten von Transfereinkommen zusehen; im wesentlichen in den vier Formen: Rente, Landespflegegeld, Sozialhilfe, Arbeitslosenunterstützung. Die Chancen, eine dieser Transferleistungen zu erhalten, sind unterschiedlich ausgeprägt; auch die Sicherheit und Kontinuität dieser Einkommensarten ist je nach Form unterschiedlich.

3.1.1.1 Rente

Am stärksten abgesichert, und daher als kontinuierliche finanzielle Basis anzusehen, ist die Rente. Als BU- oder EU-Rente ist sie weitgehend dauerhaft festgelegt und ermöglicht daher dem rentenbeziehenden Behinderten eine stabile Finanzierungskalkulation. Allerdings ist zu bemerken, daß aufgrund der meistens kurzen beitragspflichtigen Tätigkeit und der niedrigen Einkommensstufen, diese Renten ihrer Höhe nach nur ein sehr begrenztes Auskommen ermöglichen.

3.1.1.2 Landespflegegeld

Weniger sicher ist die zweite Form des Transfereinkommens, das hier bekannte Landespflegegeld. Zwar ist dieses nach dem Gesetzestext zu gewähren, wenn bestimmte Grade gesundheitlicher Einschränkungen vorliegen, jedoch beklagen durchgängig die von mir Befragten, daß die Handhabung der Ermessungsspielräume bei der Bewilligung sehr restriktiv ist. Der an sich begrüßenswerte Fortschritt beim Landespflegegeld gegenüber den Leistungen nach BSHG wird dadurch ins Gegenteil verkehrt, daß die Betroffenen durch bürokratische Verzögerungen, unverständliche Auslegungen und z.T. diskriminierende Vorgehensweisen der beteiligten Behörden und Sachverständigen letztendlich doch nicht die Sicherheit eines dauernden, festen Einkommens haben können. Auch die häufiger angesetzten Überprüfungen, ob das Landespflegegeld noch gerechtfertigt ist, erscheint den Betroffenen eher als Versuch, die Ausgliederung aus dem Leistungsbezug zu versuchen.

3.1.1.3 Sozialhilfe

Am schwierigsten scheint die dritte Form des Transfereinkommens zugänglich zu sein, die Unterstützung nach BSHG; obgleich hier die gesetzlichen Festlegungen eindeutig sind, denn ambulante Hilfen sind nach dem Text des BSHG vorrangig zu gewähren. Jedoch sieht es in der Realität so aus, daß für den einzelnen Behinderten die verschiedenen Formen, von Sozialhilfen zum einen unübersichtlich, teilweise auch unzugänglich scheinen; daß zum anderen die Beratung durch Sozialarbeiter oder Sachbearbeiter als nicht ausreichend gesehen wird, und daß so im Endeffekt die Betroffenen nicht all die ihnen zustehenden, unterschiedlichen Leistungen vollständig ausschöpfen können. Dies scheint mir jedoch nicht eine Willkür zu sein, sondern eher die Folge der - selbst für Fachleute - sehr unterschiedlichen und unübersichtlichen gesetzlichen Lage. Für den Betroffenen bedeutet dies allerdings, daß er (um eine Formulierung eines befragten Behinderten zu gebrauchen) Sozialexperte, Rechtsberater und Verwaltungsfachmann in einem sein muß. Eine solche Fach- und Sachkenntnis ist natürlich nur für eine Minderheit von Betroffenen überhaupt erreichbar. Ganz besondere Schwierigkeiten ergeben sich hierdurch beim Übergang aus Heimunterkunft bzw. aus Kliniks- und Krankenhausaufenthalt in eine selbständige Existenz. Nach der unselbständigen, aber abgesicherten stationären Unterbringung erwarten den Betroffenen z.T. monatelange Verzögerungszeiten, bis sich die selbständige Finanzierung aus teilweise unterschiedlichsten Quellen eingespielt hat. Aufgrund der regelmäßig weiter erfolgenden Überprüfungen ist aber diese Art von Transfereinkommen dauerhaft ungesichert, so daß die Betroffenen immer wieder neu über ihre finanzielle Existenz sich Gedanken machen müssen. Um die Dimension dieser Unsicherheit deutlich zu machen ein Beispiel: Wenn sich Behinderte gezwungen sehen (neben der vom Sozialamt übernommener Miete) ausschließlich vom Regelsatz für einen Haushaltsvorstand auszukommen, scheint dies nicht nur gegen die Gesetzeslage zuverstoßen, sondern befremdet auch deshalb, weil die Alternative hierzu die Rückkehr in die vollstationäre Unterbringung wäre, die dann den zuständigen Träger der Sozialhilfe den sechsfachen Betrag kostete. Diese Unstimmigkeit monieren natürlich vor allem diejenigen Behinderten, die einen eigenen Haushalt führen, aber vorher in einer vollstationären Einrichtung gewohnt haben, bzw. Kontakt mit einer solchen pflegen.

3.1.1.4 Arbeitslosenunterstützung

Die vierte anzutreffende Form der Finanzierung des Lebensunterhaltes von Behinderten ist die Arbeitslosenunterstützung. Bei der Arbeitslosenhilfe ist die strukturelle Problematik ähnlich wie bei der Sozialhilfe: auch sie unterliegt einer regelmäßigen Überprüfung, und die davon Betroffenen berichten von ähnlichen Schwierigkeiten, mit dieser Finanzquelle eine kontinuierliche Lebensgrundlage zu erhalten.

Zusammenfassend kann gesagt werden, daß die finanzielle Grundlage für das Leben von Behinderten außerhalb einer stationären Einrichtung bislang ungesichert, nicht dauerhaft und labil ist. Dies beeindruckt besonders dann, wenn der Vergleich mit der rundum abgesicherten Existenz eines Wohnheimbewohners gezogen wird. Neben dem Unterschied der Sicherheit und der Kontinuität der Finanzierung fällt auch die unterschiedliche Höhe der Transfereinkommen verglichen mit den Pflegesätzen in einer Einrichtung auf.

3.1.2 Wohnsituation (Bauliches, Lage, Selbständigkeit)

Zum Thema "Wohnen" wird übereinstimmend von den Betroffenen daraufhingewiesen, daß weiterhin Zahl und bauliche Ausstattung der für Körperbehinderte, insbesondere für Rollstuhlfahrer angebotenen Wohnungen, mangelhaft sei. Nicht nur die Zahl der Wohnungen sei zu gering (es wird von 30 bis 40 fehlenden rollstuhlgerechten Wohnungen allein in der Stadt Bad Kreuznach gesprochen), sondern es wird auch daraufhingewiesen, daß die vorhandenen, als "behindertengerecht" bezeichneten Wohnungen lediglich nach den DIN-Normen geplant und gebaut worden sind; von diesen ist aber inzwischen bundesweit in der Fachdiskussion bekannt, daß sie den tatsächlichen Bedürfnissen von mobilitätsbehinderten Menschen nicht entsprechen. Aufgrund der Einkommensverhältnisse bezieht sich diese Feststellung im wesentlichen auf den Bereich des sozialen Wohnungsbaues, da auf dem Markt der freifinanzierten Wohnungen behindertengerechte Bauten erstens selten und zweitens für die Betroffenen zu teuer sind.

Einzelbemerkungen zu diesem Thema wären für die weitere Planung im Bauwesen durchaus von Bedeutung; so wird beispielsweise moniert, daß die <u>Lage</u> von behindertengerechten Wohnungen des sozialen Wohnungsbaues oft an der Peripherie der Stadt liegt, was mobilitätseingeschränkten Menschen eine Beteiligung an den kulturellen und kommerziellen Aktivitäten einer Stadt nur schwer möglich machen. Es wird auch kontrovers diskutiert, ob ein Haus, in dem nur Behinderte wohnen, ein "Sich-Integriert-Fühlen" möglich macht. Von den Betroffenen wird auch in diesem Zusammenhang die Idee des <u>"Servicehauses"</u> aufgegriffen, und in seinen Vor- und Nachteilen reflektiert.

Offensichtlich ist für alle befragten Betroffenen die eigene Wohnung "das höchste Gut" für ihre persönliche Integrität. Das Leben in einer eigenen Wohnung scheint für viele körperbehinderten Menschen einen viel höheren Stellenwert in ihren

Vorstellungen anzunehmen, als es für Nichtbehinderte in der Regel der Fall ist. Dies wird wohl daran liegen, daß die Erreichbarkeit eines Wohnens im Privathaushalt für sie bei weitem nicht diese Selbstverständlichkeit hat, wie für Nichtbehinderte. Der Unterschied im Status eines Heimbewohners gegenüber dem Status eines Mieters einer Wohnung wird deutlich hervorgehoben. Auch wenn (beispielsweise bei starkeingeschränkten Behinderten, die umfassender Hilfe bedürfen) der reale Alltagsablauf keineswegs anders aussieht als der Alltag eines Heimbewohners, begreifen sich privatlebende Behinderte als Personen mit anderem Status. Dies hängt wohl auch mit den in unserer Gesellschaft ja insgesamt sehr hoch gehaltenen Ansprüchen an die Norm von "Mündigkeit" und "Selbständigkeit" des Individuums zusammen, die vielen Betroffenen nur im privaten Haushalt erreichbar scheint. Dabei muß aber hervorgehoben werden, daß es weithin im Umfeld der Diakonie soziale Beziehungen zwischen Heimbewohnern und Behinderten in eigenen Wohnungen gibt.

3.1.3 Pflege und Versorgung (Kosten, Zuverlässigkeit, Professionalität)

Beim Bereich "Pflege und Versorgung" scheint die Situation von Körperbehinderten außerhalb von Einrichtungen weit stärker noch als bei der Wohnsituation durch Lücken und Mängel gekennzeichnet zu sein. Trotz anderslautender sozialpolitischer Absichtserklärungen existieren in der Region bislang noch keine funktionierenden ambulanten sozialen Dienste, die eine kontinuierliche, professionelle und finanziell tragbare pflegerische Versorgung gewährleisten können. Dies ist ein Punkt, der immer wieder angesprochen wird, daß eine solche gesicherte Versorgung in unserer Region nicht nachfragbar sei, handele es sich nun um eine oder zehn Stunden Hilfeleistung am Tag. Die Betroffenen müssen sich offenbar über semi--professionelle oder private Hilfeleistungen von Freunden, Verwandten oder anderen Personen ihre Versorgung organisieren. Einzelne vorhandene ambulante Hilfsdienste sind erst in Ansätzen zu solchen Pflegeleistungen in der Lage. Die in unserer Region als einzige flächendeckend vorhandene Hilfsdienste, die Sozialstationen, sind sowohl von ihrer Auftragslage, als auch von ihrer ursprünglichen Zielsetzung her nicht in der Lage (und z.T. auch nicht bereit), kontinuierlich und zuverlässig, z.B. zu einem garantierten Zeitpunkt jeden Tag eine ganz bestimmte Leistung pflegerischer oder versorgerischer Art zu erbringen.

Allein lebende Behinderte organisieren daher ihre Helfer, die z.T. regelmäßig, z.T. unregelmäßig die Versorgung übernehmen, meist über private Kanäle. Hierbei ist außer der Frage der Zuverlässigkeit, Kontinuität und Professionalität auch die Kostensituation nicht aus dem Auge zu verlieren: wie vorher dargestellt, ist die Einkommenssituation der meisten Behinderten so beengt, daß sie aus ihren jetzigen Einkünften einen tariflich bezahlten, professionellen Versorgungsdienst bei weitem nicht finanzieren können. Stundensätze, die ein Träger pro tatsächlich geleisteter Stunden für professionelle Pflege verlangen müßte, lägen wahrscheinlich bei etwa 20 bis 25 DM als Mindestsatz; was bei einer nur zweistündigen täglichen Hilfeleistung bereits 1 500 DM im Monat ergibt; dies ist aber etwa das Doppelte des derzeitigen Landespflegegeldes. Obwohl rein theoretisch nach Gesetzestext der Sozialhilfeträger verpflichtet wäre, die gesamte notwendige Pflege in vollem Umfang und zu ordnungsgemäß gezahlten Tariflöhnen zu übernehmen, ist mir bei meinen Gesprächen kein Betroffener genannt worden, der eine solche Versorgungssituation erreicht hätte.

Hier gibt es offensichtlich eine doppelte Angebotslücke: zum einen fehlt ein ausgebautes Netz an professionellen ambulanten Hilfsdiensten; andererseits mangelt es anscheinend an Sozialberatung für Behinderte, die Finanzierungs- und Organisationsmöglichkeiten für einen solchen Pflege- und Versorgungsdienst darstellen und den Betroffenen bei der Durchsetzung eines solchen helfen könnten. Eine extreme Folge hieraus ist, daß es bei einigen Betroffenen zeitweise zu Situationen gefährlicher Pflege gekommen war, weil eingeplante, aber kurzfristig ausgefallene Pflegekräfte nicht ersetzt werden konnten, und der Behinderte somit über Stunden oder noch länger hilflos bleiben mußte. Die Furcht vor solchen Extremsituationen ist wohl für viele Betroffene ein prägendes Erlebnis.

Ein zuweilen genannter Ausweg aus diesem Problem ist der Verweis auf die Hilfe durch Familienangehörige. Dies scheint aber ein durchaus zwiespältiger Ausweg zu sein; denn er führt häufig zu extremer psycho-physichen Abhängigkeit eines behinderten Menschen von einem pflegenden Angehörigen oder Partner. Es scheint Situationen zu geben, wo diese psycho-physiche Abhängigkeit zu dramatischen, ja zeitweise lebensgefährlichen Beziehungssituationen führen kann. Auch scheint es durch diese Abhängigkeit zuweilen zu erniedrigenden Situationen zu kommen, die bei einem bezahlten, professionellen Dienst undenkbar wären.

3.1.4 Mobilität

Für den Bereich der Mobilität gilt, ähnlich wie für die vorherigen Bereiche, daß eine Nachfrage besteht, die sowohl größer, wie auch anders ausgeprägt ist als das Angebot. Zwar sind hier, insbesondere im Stadtgebiet Bad Kreuznach, die Sonderfahrdienste in den letzten Jahren ausgeweitet worden, aber es wird moniert, daß diese Sonderfahrdienste nur zu bestimmten Zeiten und vor allem nur zu bestimmten Kosten erreichbar seien. Spontane oder kurzfristig geplante Ortsveränderungen sind für Behinderten nicht möglich, wenn sie nicht über private Transportmöglichkeiten verfügen. U.a. liegt es auch daran, daß die Nahverkehrssysteme in der Region (wie seit Jahren bekannt und beklagt) behindertenunfreundlich sind.

Dies betrifft beispielsweise die Busse des öffentlichen Verkehrs; wogegen aus anderen Städten berichtet wird, daß bereits Niederflurbusse oder Busse mit Liftsystemen erfolgreich eingeführt worden sind. Die Beschränkung einer, für Nichtbehinderte ganz selbstverständlichen, Mobilität führt bei den Betroffenen dazu, daß sie auf diese Mobilität entweder verzichten, oder versuchen müssen, über langfristig angemeldete Sonderfahrdienste oder über private Kontakte zumindest begrenzt mobil sein zu können. Die für eine normalisierte gesellschaftliche Eingliederung aber notwendige tägliche Mobilität, beispielsweise zum Arbeitsplatz oder zur Ausbildung, ist für Körperbehinderte in der Region nicht der Regelfall. Auch hier kann man feststellen, daß ein Bedarf vorhanden ist, der auch zur realen Nachfrage werden könnte, wenn auf dem entsprechenden Markt ein Angebot bestünde.

3.1.5 Arbeit

Wie bereits bei der Diskussion der finanziellen Situation ausführlich dargestellt, sind nur wenige Körperbehinderte - auch wenn sie eine schulische und berufliche Ausbildung haben - in einem Regel-Arbeitsverhältnis tätig. Außerhalb der regulären Arbeitsplätze gibt es aber kaum Sonderarbeitsplätze für körperlich behinderte Menschen. Der bekannteste Sonderarbeitsmarkt, die WfB, ist ja von seiner ursprünglichen Konzeption her für geistigbehinderte Menschen geplant und konzipiert worden; sie läßt sich daher nur in wenigen Fällen als angemessener Arbeitsplatz für einen körperlich behinderten Menschen darstellen. Körperbehinderte, die intellektuell nicht sehr stark eingeschränkt sind, suchen - so das Resümee meiner Befragungen - zwar einen auf ihre Handicaps eingestellten und u.U. auch geschützten Arbeitsplatz, aber nur wenige sehen die WfB als angemessene Beschäftigungsmöglichkeit. Das Interesse an einer Beschäftigung richtet sich wohl auf solche, die der eigenen Ausbildung und beruflichen Vorstellung eher entsprechen. Dies erscheint den Betroffenen jedoch als wenig aussichtsreich: sie selbst und auch andere Experten stehen einer zukünftigen Beschäftigungschancen recht resignativ gegenüber, d.h. sie äußern Zweifel daran, ob es überhaupt einmal Arbeitsplätze für sie geben wird.

3.2 Tatsächlich erreichbare Bedarfsdeckung und ungedeckte Versorgungslücken bei Körperbehinderten in Privathaushalten

Insgesamt läßt sich das Fazit ziehen, daß in den von mir angesprochenen Bereichen die Lebenssituation von Körperbehinderten als labilisiert, ungesichert und perspektivisch gefährdet bezeichnet werden kann. Andererseits fordert gerade diese ungesicherte Situation manche Behinderten zu teilweise erstaunlichen Organisationsleistungen heraus. Diese Tatsache ist aber gleichzeitig wieder gleichzusetzen mit einer psychosozialen Selektion, denn nur Behinderte, die über solche - gewiß überdurchschnittlichen - Fähigkeiten zur Organisation und Selbständigkeit verfügen, sind wohl tatsächlich z.Z. in der Lage, außerhalb der klassischen vollstationären Einrichtungen zu leben. Dies erscheint mir aber nicht das Problem der Körperbehinderten zu sein, sondern das Problem einer sozialpolitisch erzeugten Kumulation von Hindernissen rechtlicher, finanzieller und sozialer Art.

Zur Frage der tatsächlich erreichbaren Bedarfsdeckung bzw. der ungedeckten Versorgungslücken läßt sich folgendes feststellen: es besteht eine deutliche Versorgungslücke außerhalb der beiden traditionellen Versorgungsformen, der vollstationären Versorgung einerseits und Familienversorgung andererseits. Die üblicherweise als Wohnheimplatz durch Pflegesätze finanziell abgesicherte vollstationäre Versorgung gewährt dem Behinderten sozusagen ein Dauerwohnrecht, sowie eine zuverlässige, kontinuierliche und professionelle Pflege; damit sind die existentiellen Grundbedürfnisse "finanzielle Sicherheit", "Wohnen" und "Pflege" voll gewährleistet. Dem gegenüber steht die Vollversorgung in einem größeren oder kleineren Angehörigenverbund, wie sie sehr häufig behinderte, auch erwachsene Kinder bei ihren Eltern haben. Auch hier ist die Einschränkung zu machen, daß die finanziellen Mehrbelastungen der Eltern durch eventuelles Pflegegeld oder andere nachteils-ausgleichende Transferzahlungen nicht immer gewährleistet ist. Ähnliches gilt in der Regel für die wohnliche Versorgung. Einschränkungen ergeben sich dann, wenn Angehörige, besonders ältere Eltern von Behinderten durch die zeitlich aufwendige und psycho-physisch belastende Pflege und Versorgung im Laufe der Zeit überlastet werden.

Zwischen diesen beiden Extrempositionen der vollstationären und der vollfamiliären Versorgung klafft aber offensichtlich eine Lücke, die insbesondere in unserer Region noch kaum zu schließen ist. Es gibt so gut wie keine Versorgungsangebote, die ein weitgehend selbständiges Leben eines Körperbehinderten außerhalb der stationären Einrichtung und außerhalb eines Angehörigenverbundes ermöglichen würde. Es gibt weiterhin keine einfach erreichbare, dauerhaft gesicherte finanzielle Basis für diese Gruppe, die über eigenes Arbeitseinkommen selten verfügt, aber als Nicht-Heimbewohner auch nicht die Sicherheit eines pflegesatz-finanziertes Wohnens hat. Dies erscheint um so befremdlicher, als der tatsächliche finanzielle Bedarf dieser Gruppe wohl kaum höher ist, als bei vollstationär Untergebrachten. Diese Schwierigkeit kommt vor allem daher, daß in den angesprochenen Bereichen sehr viele unterschiedliche, wenig kooperiende, vor-, nach- und parallelgeschaltete Instanzen, Ämter, Behörden und Stellen zuständig sind. Zur Folge hat dies, wie es ein Betroffener mir gegenüber bemerkte, daß der Behinderte eine Art Kleinunternehmer seiner selbst sein muß, wenn er außerhalb der stationären Versorgung leben will.

4 Mögliche Vorbilder und Konzepte für die Versorgungslücken, deren gesetzliche und Finanzierungsgrundlagen

Beim Ausblick auf neue Versorgungsformen ergibt sich aus den Interviews, aus der Literatur und aus der rechtlichen und verwaltungsmäßigen Grundlage, daß die bislang zersplitterte finanzielle Absicherung von Behinderten in Privathaushalten in Form einer Mischfinanzierung aller beteiligten Träger vereinheitlicht werden müßte. Insbesondere die bisherige - nur aus historischen Bedingungen erklärbare - Aufteilung der Zuständigkeit für Behinderte zwischen dem örtlichen und überörtlichen Sozialhilfeträger (in Form, daß der überörtliche für die vollstationär untergebrachten, der örtliche für die in Privathaushalten lebenden zuständig ist) hat sich für eine sinnvolle Finanzierung des Wohnens und Lebens von Behinderten als unpraktikabel erwiesen. Es erschiene sinnvoll, in einem Modellversuch der Regionalisierung eine solche Mischfinanzierung für einen begrenzten Zeitraum zu vereinbaren. Dadurch könnten die Betroffenen der als untragbar empfundenen Lebensalternative entrinnen: entweder das "bequeme pflegesatzfinanzierte Wohnen", für das der überörtliche Träger ggf. lebenslang bezahlt; oder andererseits der lebenslange Kampf um die verschiedensten finanziellen Hilfen, Zuschüsse, Pflegegelder usw. mit den verschiedensten, immer wieder neu zu überzeugenden Ämtern und Behörden. Innerhalb eines solchen Modellversuches muß die Finanzierung für Behinderte außerhalb des Wohnheimes genauso einfach sein, wie innerhalb. Erst dann läßt sich auch feststellen, welche der verschiedenen Wohn- und Lebensformen für Behinderte in welchem Umfang nachgefragt werden. Ein Service-Haus für Behinderte, eine betreute Wohngruppe oder ein professioneller ambulanter Hilfsdienst läßt sich erst dann sinnvoll einrichten, wenn die Finanzierung teilstationärer und offener Maßnahmen genauso einfach verläuft, wie die Finanzierung vollstationärer. Es steht jedenfalls zu erwarten, daß die Nachfrage nach diesen Teilversorgungssystemen groß sein wird. Erst wenn solche Teilversorgungssysteme in der Region existieren, läßt sich die - theoretisch schon längst akzeptierte - Durchlässigkeit und Differenziertheit von der vollstationären Unterbringung bis hin zum Wohnen ohne jegliche fremde Hilfeleistung überhaupt erst verwirklichen. Heute jedoch fehlen die Zwischenstufen und ihre finanzielle Basis.

LITERATURVERZEICHNIS

Bundesarbeitsgemeinschaft "Hilfe für Behinderte" (Hrsg.): Ambulante Hilfen für Behinderte, Düsseldorf 1979

dies. (Hrsg.): Servicehäuser für behinderte Menschen, Düsseldorf 1980

dies. (Hrsg.): Für ein selbstbestimmtes Leben, Düsseldorf 1985

Davids, S. / Storm, H.: Wohngruppen für Behinderte, Bonn 1983

Deutscher Caritasverband (Hrsg.): Gemeindenahe Wohnformen für erwachsene Körperbehinderte, Freiburg 1979

Hamburger Spastikerverein (Hrsg.): "Was heißt hier wohnen?" - Tagungsbericht, Hamburg, 1986

Heinze, R. / Runde, P.: Lebensbedingungen Behinderter im Sozialstaat, Opladen 1982

Institut für Ausbau- und Innenraumplanung (Hrsg.): Behindertengerechtes Planen - - Die Wohnung, Berlin 1981

Jürgensen, A.: Pflegeleistungen für Behinderte, Köln 1986

Keupp, H. / Röhrle, B.: Soziale Netzwerke, Frankfurt 1987

Kluss, S. / Unger, R.: Integration und Autonomie behinderter Menschen (Bd. 172 der Schriftenreihe des BMJFG), Stuttgart 1985

Lachwitz, K. / Wendt, S. : Hilfen für behinderte Menschen im BSHG, Freiburg 1985

Lehr- und Praxiskommentar BSHG, Baden-Baden 1989²

Mahlke, / Schwarte: Wohnen als Lebenshilfe, Weinheim 1985

Mayer, A. / Rütter, J.: Abschied vom Heim (Bd. M 87 der Reihe "Materialien der AG SPAK), München 1988

Mrozynski, P.: Rehabilitationsrecht, München 1986²

Mühlfeld / Oppl / Weber-Falkensammer / Wendt (Hrsg.): Arbeit mit Behinderten, Heft 7985 der Reihe "Brennpunkte Sozialer Arbeit", Frankfurt 1989

Oppl / Tomascheck: Soziale Arbeit 2000, Freiburg 1986 (2 Bd.)

Quack, Werner: Daheim statt im Heim - Servicehaus, die alternative Wohnform für Behinderte und Senioren, Heidelberg 1988

Rüggeberg, August: Autonom Leben - Gemeindenahe Formen von Beratung, Hilfe und Pflege zum selbständigen Leben von und für Menschen mit Behinderungen (Bd. 173 der Schriftenreihe des BMJFG), Stuttgart 1985

Rütter, J.: Die Entstehung und Entwicklung selbstorganisierter Hilfsdienste für Behinderte (Bd. 20 der Reihe "Materialien der AG SPAK), München 1986

Runde, Peter: Zunkunft der Rehabilitation, Hamburg 1986

Socialdata: Anzahl und Situation zuhause lebender Pflegebedürftiger (Bd. 80 der Schriftenreihe des BMJFG), Stuttgart 1980

Socialdata: Anzahl und Situation der Behinderten nach Zielgruppen, München 1984 (unveröff. Manuskript)

Socialdata: Repräsentativ-Erhebung zur Ermittlung des Mobilitätsverhaltens (Mobilitäts-)Behinderter und ihrer Haushaltsmitglieder, in: Forschung Stadtverkehr, Jg. 1985, Heft 36 (Sonderheft) S. 15 - 116

Stiefel, M.-L.: Verbesserung der gesundheitlichen und pflegerischen Versorgung im häuslichen Lebenszusammenhang, Bd. 21 der Reihe "Materialien und Berichte der Robert-Bosch-Stiftung, Stuttgart 1988 (Robert-Bosch-Stiftung, Heidhofstr. 31, 7000 Stuttgart 1)

Thimm, W.: Das Normalisierungsprinzip: eine Einführung, Marburg 1984

Thust, W. / Trenk-Hinterberger, P.: Recht der Behinderten, Weinheim 1989[2]

Török, M.: Methoden zur Feststellung der Zahl körperbehinderter Kinder und Jugendlicher (Bd. 46 der Schriftenreihe des BMJFG), Stuttgart 1977

Vereinigung Integrationsförderung (VIF), München (Hrsg.): Behindernde Hilfe oder Selbstbestimmung der Behinderten - Kongreßbericht, München 1982

dies. (Hrsg.): Behindert ist, wer Hilfe braucht, München 1981

MEDIZINISCH-THERAPEUTISCHE VERSORGUNGSSYSTEME UND REHABILITATIONSMEDIZINISCHE BETREUUNG KÖRPERBEHINDERTER - VERSUCH EINER REGIONAL ORIENTIERTEN ANALYSE

Matthias Schmidt-Ohlemann

1. Einleitung: der Personenkreis und seine Situation

Thema dieses Teilreferates sollen medizinisch-therapeutische Versorgungsstrukturen für erwachsene Körperbehinderte sein, und zwar bezogen auf die Regionen: Standardversorgungsgebiet (SVG) und überregionales Versorgungsgebiet (ÜVG) (vgl. Bastian in diesem Band, S. 43 f.).

Zunächst ist festzuhalten, daß zumindest die Stadt Bad Kreuznach insofern eine günstige Situation für Körperbehinderte bietet, als fast alle medizinischen Versorgungs- und Therapieeinrichtungen, insbesondere sehr spezialisierte, entweder hier vorhanden oder aber grundsätzlich an einem Tage zu erreichen sind, so z.B. die Universitätskliniken Mainz und Heidelberg. Da andererseits die Versorgungsstruktur durch Ärzte, Krankenhäuser und Therapeuten im Landkreis Bad Kreuznach - sicher nicht in allen Regionen des Hunsrücks - nicht wesentlich schlechter als anderswo ist, erhebt sich die Frage, ob es hier überhaupt Probleme für Körperbehinderte in Hinblick auf medizinisch-therapeutische Versorgung gibt.

Damit ist zuallererst die Frage nach Kriterien für die Beurteilung der medizinisch-therapeutischen Versorgung von Körper- und Mehrfachbehinderten gestellt.

Die Kriterien und auch die zu lösenden Probleme liegen nämlich nicht auf der Hand und sind nur auf dem Hintergrund des Standards, der inzwischen international in der Versorgung erreichbar ist, festzulegen.

Zunächst einen Überblick über den Personenkreis, um den es gehen soll. Nämlich: Um den erwachsenen Körper- und / oder Mehrfachbehinderten, der ständiger Hilfe bedarf oder der nur unter besonders geschaffenen Bedingungen selbstständig sein kann bzw. um den chronisch Kranken, der längere Zeit behindert bleibt, oder dem eine dauerhafte Behinderung droht, der vorübergehend, mindestens aber 6 Monate spezielle Betreuung und Hilfestellung benötigt.

Dabei kann es sich beispielsweise um Menschen mit folgenden Erkrankungen bzw. Behinderungen handeln: Cerebralparese, Spina bifida, Querschnittslähmung, Schädel-Hirn-Trauma, Schlaganfall, rheumatische Erkrankungen, Muskelerkrankungen, degenerative Erkrankungen des Nervensystems u.v.a..

Es sind dies sehr verschiedene Formen von Behinderungen, die ganz unterschiedliche Ursachen und Ausprägungen haben können und insofern differenzierte Dienste verlangen. Zu berücksichtigen ist ferner, daß neben der Grundbehinderung meist eine Grundkrankheit, oft auch mehrere andere Krankheiten oder Teilbehinderungen bestehen oder fortwirken, die selbst behandlungsbedürftig sind.

Trotz unterschiedlicher Grundschäden können aber die funktionellen Einschränkungen und sozialen Folgen sehr ähnlich sein. Gemeinsames Merkmal der hier zu betrachtenden Personengruppen ist die Körperbehinderung.
Besonders zu nennen ist in dieser Hinsicht: Einschränkungen der Motorik: Nicht greifen oder nicht gehen zu können; Einschränkungen der Kommunikation: Behinderung der Sprache oder des Sprachverständnisses; Behinderung der Sinneswahrnehmungen: etwa beim Sehen, beim Fühlen oder beim Halten des Gleichgewichtes. Nicht zuletzt das Anderssein in der äußeren Gestalt und unter Umständen auch Schmerzen sind mögliche Folgen von körperlichen Grundleiden.

Solche Einschränkungen haben Auswirkungen im Alltag, z.B.:
- in der Grundversorgung: Anziehen, Körperpflege, Essen;
- Haushalt: Kochen, Wäsche, Reinigung der Wohnung;
- Erledigungen: Behörden, Post;
- Beruf: Fehlen einer regulären Arbeitsstelle;
- sozialer Kontakt: Besuche, Briefe, Telefonate;
- Freizeitgestaltung: Ausflüge, Hobbys;
- hoher Organisationsaufwand und finanzielle Zusatzbelastungen, z.B. beim Transport;
- u.v.a.

Damit sind für den Betroffenen unter Umständen als Leiden verbunden:
- seelische Belastungen, Ängste, Depressionen;
- Veränderung des Selbstbildes: Vertrauen in die eigenen Fähigkeit und Attraktivität;
- Einschränkungen der Lebensperspektiven;
- Motivierungsprobleme;
- geringe Belastbarkeit der sozialen Kontakte;
- Einschränkungen in Partnerschaft und Sexualität;
- u.v.a.

Sich all dieser Aspekte von Behinderung anzunehmen, erfordert mehr als medizinisch-therapeutische Dienste allein, so z.B. auch psycho-soziale Dienste. Sie alle müssen im Rahmen einer umfassenden Versorgungsstruktur einer Region Berücksichtigung finden.

Die Aufgabe der Medizin kann in diesem Zusammenhang so umrissen werden: Ihre Aufgabe ist es, den Schaden, die eingetretenen funktionellen Einschränkungen, d.h.

die Ausfälle und Störungen sowie die Beeinträchtigungen für die Verrichtungen des täglichen Lebens einschließlich derjenigen im Berufsleben und bei der gesellschaftlichen Integration zu beseitigen, einzuschränken bzw. von vornherein zu verhindern und den Patienten ggf. bei ihrer Bewältigung zu unterstützen.

2. Anforderungen an eine rehabilitationsmedizinische und therapeutische Versorgung

Die Medizin hat in einem umfassenden Versorgungskonzept zwei grundlegende Beiträge zu leisten:

1. Einen kurativen Beitrag: Therapie der Grundleiden (in unserem Zusammenhang meist ohne Aussicht auf Heilung) bzw. der Folgen und soweit möglich Verhinderungen von Komplikationen oder Verschlimmerung.
2. Einen rehabilitationsmedizinischen oder rehabilitativen Beitrag:

a) Analyse der Behinderung und ihrer Folgen;

b) Entwicklung von Konzepten für deren Minderung oder Kompensation;

c) Einleitung, Koordination und interdisziplinäre Durchführung und Kontrolle (Evaluation) aller therapeutischer Maßnahmen, die dem o.g. Ziel dienen; wobei der Sinn dieser Maßnahmen besonders in der Unterstützung der Behinderungs-Bewältigung liegt, sich also an den Bedürfnissen und Möglichkeiten der einzelnen Personen und ihren konkreten Lebensperspektiven zu Hause, in der Schule, im Beruf, in der Freizeit auszurichten hat. Erkenntnisse aus der Behandlung von Krankheiten werden dabei fruchtbar gemacht, zum einen im Umgang mit der Behinderung, zum anderen in der behinderungsgerechten Gestaltung der Lebenswelt;

d) Aufklärung des Betroffenen und seiner Angehörigen über die Behinderung, ihre Folgen, die therapeutischen Möglichkeiten und vor allem über die Prognosen und konkrete Anleitung der Betreuer;

e) Informationen und Stellungnahmen für andere, z.B. Kostenträger (Heimunterbringung), Führerschein-Stelle u.a., damit diese behinderungs-, behinderten- und sachgerecht entscheiden können.

f) Medizinische Dienste, vor allem Ärzte, haben das Verordnungs- und Definitionsmonopol für viele medizinische und soziale Leistungen und tragen insofern besondere Verantwortung in sozial- und verwaltungsrechtlicher Hinsicht und nehmen im System der sozialen Sicherung eine wesentliche Schlüsselstellung ein. Eine Entscheidung für oder gegen die Anschaffung eines Elektro-Rollstuhls kann das Leben eines Behinderten entscheidend und existentiell beeinflussen. Überhaupt ist die Hilfsmittelversorgung ein ganz wesentlicher Teil der rehabilitationsmedizinischen Arbeit.

Die Qualität der medizinischen Versorgung kann also nicht allein daran gemessen werden, wie die zugrundeliegenden oder begleitenden Krankheiten lege artis behandelt werden, sondern wie sie die Lebensqualität des Betroffenen verbessern, seine Chancen und Lebensmöglichkeiten beruflich und sozial erweitern.

Rehabilitationsmedizinische Versorgung Körper- und Mehrfachbehinderter kann nur unter Beteilung vieler Fachleute geschehen, wobei neben dem Hausarzt, dem Orthopäden, dem Neurologen, dem Pädiater und Neuropädiater, auch Krankengymnasten, Beschäftigungstherapeuten, Logopäden u.v.a. beteiligt sind. (siehe unten)

Bevor ich nun anhand konkreter Beispiele Aufgaben und Ablauf medizinischer Versorgungen darstelle, zunächst noch einige allgemeine Hinweise darauf, welchen Anforderungen medizinisch-therapeutische Versorgungssysteme genügen sollten (vgl. dazu: "Wohnortnahe Versorgung Rheumakranker. Modellprojekt der Bundesregierung"). Wie soll ein Versorgungsangebot strukturiert sein?

1. Sachkundig
Damit ist gemeint, daß Therapeuten und Betreuer sich mit einem Behinderungsbild und einer Krankheit (auch mit einer sehr seltenen) in allen Aspekten auskennen, durch ein Sach-Wissen, das dem Stand der wissenschaftlichen Kenntnisse entspricht, und durch Erfahrung aus eigener kontinuierlicher therapeutischer Arbeit alle therapeutischen Möglichkeiten einschließt und ausschöpft.

Wie wir unten ausführen werden, ist die Sachkunde ein besonderer Engpaß in der Versorgung Körperbehinderter unserer Region.

2. Möglichst ambulant
Versorgung von Schwerkörper- und Mehrfachbehinderten ist meist als kontinuierliche erforderlich. Zeitweilige, blockweise stationäre Behandlung, etwa im Krankenhaus, der Rehabilitationsklinik u.ä. kann ambulante Dauerbehandlung nicht ersetzen. Je mehr ambulant therapiert wird, desto eher bleibt der Behinderte in seinem sozialen Kontext, bleibt Subjekt seiner Lebensverhältnisse, und die Therapie kann die tatsächliche Situation zu Hause, im regionalen Arbeitsmarkt etc. berücksichtigen. Alltagsnähe bedeutet bessere Umsetzungsmöglichkeiten von therapeutischen Empfehlungen und Anweisungen; die Inanspruchnahme von Therapeuten wird leichter.

3. Wohnortnah
Wird Hilfe täglich, mehrmals in der Woche oder häufiger im Quartal benötigt, können keine weite Wege zurückgelegt werden. Dies gilt zum einen für alle Therapeuten, die Hausbesuche machen wollen, zum anderen für den Behinderten, der nur dann den Therapeuten leicht erreichen kann, wenn er nahe ist. Nur in der und durch die Nähe bauen sich Hemmungen und Barrieren ab, die weite Reisen für Rollstuhlfahrer bedeuten. Nur dann steht Hilfe auch kurzfristig zur Verfügung, nur dann werden

Versorgungen mit Hilfsmitteln, orthopädischen Schuhen u.a. auch optimal zu Ende geführt: wenn solange probiert werden kann, bis alles in Ordnung ist, was oftmals häufiges Ausprobieren und somit viele Fahrten erfordert. Auch Krankenhausbehandlung, stationäre Unterbringung (Heim) sollte zur Aufrechterhaltung der sozialen Beziehungen möglichst nahe am Wohnort, zumindest im ÜVG, möglichst aber im SVG möglich sein.

4. Begleitend kontinuierlich
Behinderungen und chronische Krankheit erfordern dauernde bzw. regelmäßige Betreuung, vor allem dauernde Ansprechbarkeit. Nur so kann rechtzeitig und auch präventiv geholfen werden, ohne auf ein Ereignis, eine Komplikation etc. zu warten. Therapie erfolgt oft "dosiert" in kleinen Einheiten, nur in besonderen Fällen stationär komprimiert in therapeutischen Zentren (z.B. beim konzentrierten Selbsthilfetraining in Querschnittsgelähmten-Zentren).

Die Konstanz der betreuenden Personen ist gleichfalls wichtig, zum einen zum Aufbau einer tragfähigen Beziehung, zum anderen zur adäquaten Beurteilung des Verlaufes und der Lebensweise des Betroffenen. Durch das gewachsene Vertrauen werden Risiken von Behandlungen, z.B. bei Operationen oder durch Medikamente vom Patienten eher eingegangen.

5. Problemorientiert
Die Betreuung sollte alle anfallenden, d.h. medizinisch erheblichen bzw. den Betroffenen belastenden Probleme, aber auch nichtmedizinische, umfassen und sich insofern am Patienten orientieren, nicht primär an der jeweilig speziellen Ausbildung bzw. dem speziellen Beruf des Helfers. Durch eine multiprofessionelle Zusammensetzung eines Teams können aber Problemlösungsstrategien an einzelne Teammitglieder oder externe Experten (z.B. Beratungsstellen) delegiert werden, ohne daß der einzelne überfordert wird. Freilich kann nicht jedes Problem durch einen Experten gelöst werden. Problemorientierung in diesem Sinne heißt, darüber sprechen, und auf diese Weise zur Bewältigung beizutragen.

6. Teambezogen: interdisziplinär nach innen / kooperativ nach außen
Teamarbeit ist in der Rehabilitation selbstverständlich, in der ambulanten Versorgung hingegen eine Seltenheit. Informationsflüsse sind schwierig, beispielsweise zwischen Arzt und Krankengymnast. Ein Gespräch zwischen Therapeuten findet praktisch nie statt, geschweige denn gemeinsam mit dem Betroffenen. Für eine interdisziplinäre Arbeit im Team ist das gemeinsame Gespräch aber notwendig - all dies benötigt aber Zeit.

Kooperativ nach außen bedeutet, daß ein Team oder ein Spezialist mit anderen im Versorgungssystem eng zusammenarbeitet, sich wechselseitig informiert, auch

Absprachen erfolgen. Dadurch werden auch Überschneidungen, Doppel- und Mehrfachuntersuchungen und -therapien vermieden. Besonders wichtig ist eine nahtlose Informationsübermittlung.

7. Komprehensiv
Je mehr Experten an der Versorgung eines Behinderten beteiligt sind, und je differenzierter die Probleme angegangen werden, desto größer wird die Gefahr der Zersplitterung, der fehlenden Koordination. Die Einbettung therapeutischer Bemühungen in die Lebensperspektive, die Berücksichtigung der Ganzheitlichkeit des betroffenen Menschen ist dem einzelnen Spezialisten nicht möglich. Es muß einen Ort und einen Verantwortlichen geben, der in einer tragenden Beziehung mit dem Betroffenen Empfehlungen und Förderperspektiven ihm gegenüber vertreten kann, den der Betroffene als konstanten und zuverlässigen Partner akzeptiert und der die therapeutischen Bemühungen kompetent koordiniert und steuert. Ausdruck einer komprehensiven Versorgung sollte ein Rehabilitationsgesamtplan bzw. ein Förderkonzept sein.

3. Versorgungsprofile

Im folgenden wollen wir an zwei typischen Beispielen, die aus praktischen Erfahrungen rekonstruiert, aber mit keiner reellen Person identisch sind, die möglichen Aufgaben eines regionalen therapeutischen Versorgungssystems für Körper- und Mehrfachbehinderte erläutern. Neben den vorgetragenen Beispielen von Menschen mit Spina bifida und Schädel-Hirn-Trauma sollten auch noch solche für Cerebralparetiker sowie Polyarthritiker modellhaft erarbeitet sein. Natürlich können nicht in jedem dieser Beispiele alle medizinisch-therapeutische Aspekte und vor allem nicht die sozialen berücksichtigt werden.

Wir bedienen uns dabei sogenannter Versorgungsprofile; damit sind Extrakte aus Rehabilitationsgesamtplänen oder Förderplänen gemeint, die die für die Gestaltung der Versorgung strukturell wichtigen Aspekte zusammenfassen und sich unserer Ansicht nach auch typisieren lassen und insofern die Grundlage einer regional orientierten Strukturplanung bilden können.

Am Anfang eines solchen Versorgungsprofiles steht die Schilderung der Behinderung, der Krankheiten, der Mobilität, der Selbständigkeit. Es folgt dann die Schilderung der Hilfsbedürftigkeit, der regelmäßigen therapeutischen Maßnahmen und der möglichen Perspektiven; sodann die Darstellung der daraus folgenden Versorgungsleistungen und anschließend eine kurze Skizzierung von einigen auftretenden Problemen und ggf. ihren Lösungsmöglichkeiten.

Versorgungsprofil I: Spina bifida

Es handelt sich hier um einen jungen Mann, 17 Jahre, Spina bifida, Besucher des Berufsgrundschuljahres, Hauptschulabschluß. Lähmungshöhe L 3.

Versorgt mit mechanischem Rollstuhl. Er sei kräftig, Fortbewegung nur im Rollstuhl möglich. Künstlicher Blasenausgang durch Sigmaconduit, Darminkontinenz, Hydrocephalus mit defektem Ventil seit mehreren Jahren, Ulcera an beiden Füßen, relativ regelmäßig, selten nur zugehend. Im Sommer Neigung zu Decubiti im Bereich des Gesäßes. Wirbelsäulenverbiegung mittelgradig um 35° nach Cobb. Kontrakturen beider Beine, deutliche Fußfehlstellungen beidseits.

Als aktuelle Krankheiten mögen bestehen: die Ulcera im Bereich beider Füße sowie die Decubitusneigung im Bereich des Gesäßes, gehäufte Harnwegsinfekte, defektes Ventil. Unberücksichtigt bleiben hier mögliche andere Komplikationen und deren Prophylaxe.

Mobilität: Er kann sich nur im Rollstuhl fortbewegen. Dabei hat er einen Sportrollstuhl ohne Hebel, keinen Elektrostuhl. Theoretisch wäre Stehen möglich, das Gehen inzwischen nicht mehr. Das Stehen ist wegen der Ulcera aber derzeit nicht praktikabel, ferner auch nicht wegen der Fußverformungen und bedürfte spezieller Hilfestellung.

Selbständigkeit: Intellektuell voll selbständig, aber insgesamt antriebsarm, wenig interessiert, benötigt oft Erinnerung, Ansprache, Begleitung, vernachlässigt sich.

Hilfsbedürftigkeit: Im Alltag ist er weitgehend selbständig, braucht aber Hilfe beim Putzen, beim Wegstellen und Wegräumen, kleinere Hilfen im Alltag, auch die medizinische Decubitusversorgung der Füße und des Gesäßes.

Regelmäßige therapeutische Maßnahmen: Verbandswechsel, Uricult.

Perspektiven: Die Decubiti sollen abheilen, gleichfalls die Ulcera an den Füßen. Dem lebensbedrohenden Harnwegsinfekt soll auf Dauer vorgebeugt werden. Er sollte wieder zum Stehen kommen. Dies ist unter anderem zur Prophylaxe der Harnwegsinfekte, aber auch für Kreislauf, Verhinderung der Knochenbrüchigkeit etc. erforderlich.

Weitere Sekundärerkrankungen sollen verhindert werden, die Kontrakturen sollen sich nicht verschlimmern, er soll noch etwas selbständiger im Alltag werden, und er sollte am Rollstuhlsport teilnehmen können.

Bei ambulantem Wohnen sind folgende medizinische Versorgungsleistungen erforderlich:

1. Täglich Behandlungspflege, z.B. durch Sozialstationen zur Decubitusversorgung,

einmal wöchentlich Uricult mit Katheterisierung des Conduit.

2. Ca. 1 mal pro Woche Aufsuchen des Hausarztes zur Verordnung der Pflegemittel, Kontrolle des Fortgangs der Heilung, Überlegung zur Prophylaxe , Problemen mit dem Stuhlgang etc.
3. Wegen der Harnwegsinfekte Aufsuchen des Urologen, ca. alle 4 Wochen: Verschreibung der notwendigen Mittel zur Conduitversorgung, öfters weitere Untersuchungen, Zystogramme, etc. Bei Auftreten von Harnwegsinfekten ggf. Antibiotikum. Zur Prophylaxe Verschreibung von Ascorbinsäure. Beratung durch den Urologen: Prophylaxe von Harnwegsinfekten durch: sauberes Katheterisieren, Pflege des Conduit, Erreichen des Stehens, Erreichen einer ausreichenden Trinkmenge sowie Regulation des Stuhlganges.
4. Ca. alle 3 Monate müßte der Orthopäde aufgesucht werden, zeitweise auch häufiger, nämlich bei Reparaturen, Verschreibung von Krankengymnastik, Kontrolle der Wirbelsäule. Insbesondere hätte sich der Orthopäde damit auseinanderzusetzen, inwieweit eine Decubitusprophylaxe im Bereich des Gesäßes durch Umgestaltung des Sitzes möglich ist, insofern detaillierte Analyse der Lebensweise.

   Prophylaxe der Ulcera an den Füßen evtl. durch Änderung der Rollstuhlform, Ursachensuche, Lebensweise?

   Der Orthopäde hätte zu prüfen, inwieweit Stehen doch möglich ist, dafür Hilfsmittel etc. zu entwickeln, gemeinsam mit einem Krankengymnasten oder Beschäftigungstherapeuten. Schuhversorgung? Kontrakturbehandlung?
5. Alle 3-6 Monate Vorstellung beim Neurochirurgen. Das Ventil ist defekt. Es bedarf deshalb der neurologische Befund einer exakten Kontrolle. Insbesondere Frage der Verschlechterung. Regelmäßig müssen neuro-radiologische Abklärungen durch Computer-Tomographie bzw. Kernspin-Tomographie etc. von Schädel und Wirbelsäule erfolgen.
6. Alle 6 Monate Augenarzt.
7. Regelmäßige Kontakte mit dem Hilfsmittelfachmann, da in der Regel alle 8 Wochen etwas defekt ist.
8. Mindestens einmal, besser zwei- bis dreimal pro Woche Krankengymnastik zur Kontrakturprophylaxe, auch zum Einüben des Stehens.
9. Unberücksichtigt bleiben mögliche Komplikationen und neue Ereignisse wie z.B. Kopfschmerzen, Sehstörungen mit Verdacht auf Hirndruck, neue Decubiti, Darmprobleme, Übergewicht etc.

Eine solche Verbindung bedeutet, daß ein bis zwei Arzttermine pro Woche wahrzunehmen sind, davon einer nicht am Wohnort oder im SVG, sondern im ÜVG; täglich ein Pflegetermin. Beteiligt sind insgesamt 8 Berufsgruppen. Unklar ist die Zuständigkeit für zusammenfassende Beurteilungen und Überlegungen im Hinblick auf Prävention, Lebensweise, therapeutische Gesamtperspektiven und, damit auch zusammenhängend, für die Beratung des Betroffenen. Es ist ja doch die Frage, ob der Betroffene dies insgesamt mitmacht bzw. welches die Bedingungen wären, daß er eben dies tut. Transportkosten und Organisation des Transportes stellen ein weiteres gravierendes Problem dar. Ferner ist für die Beratungsgespräche und die Analyse der Probleme außerordentlich viel Zeit bei allen Therapeuten und auch bei Ärzten erforderlich. Die richtige Zuordnung der Befunde und Fragen der Lebensgestaltung (z.B. Möglichkeit der Berufstätigkeit unter solchen Bedingungen) stellen höchste rehabilitationsmedizinische Anforderungen.

Ein solcher junger Mann ist in unserem SVG Nahe-Hunsrück nicht adäquat zu versorgen, da der Standard der oben dargestellten notwendigen Versorgungsleistungen (der nicht übertrieben ist!) nicht gewährleistet wird, wenn er nicht in einer Rehabilitationseinrichtung wohnt. Die Schwierigkeit der organisatorischen Abläufe, die Vielzahl aller Beteiligten und fehlende Zusammenarbeit überfordern einen solchen Patienten in der selbständigen permanenten Bemühung um seine Gesundheit (und in der Regel auch den zuständigen Hausarzt). Es ist vielmehr notwendig, daß zum einen die Therapeuten (z.B. Hausarzt und Krankengymnast) mobiler werden im Hinblick auf Hausbesuche, zum anderen das Kriterium der Komprehension durch die Kompetenz eines Experten zu erfüllen, der sich insbesondere auch mit den spina-bifida-spezifischen Aspekten der verschiedenen Problemdimensionen auskennt. Selbst ein großer Teil der Fachärzte ist mit den speziellen Versorgungsproblemen von Spina-bifida-Betroffenen überfordert. Dies hat dazu geführt, daß die Bundesregierung ein Modellprojekt zur Versorgung von Menschen mit Spina bifida fördert, in dem mobil von regionalen Zentren aus die medizinische Versorgung unterstützt wird und auch entsprechende Beratung aller Beteiligten erfolgt und eine gewisse Komprehension gewährleistet wird.

Versorgungsprofil II: Schädel-Hirn-Trauma

Es handelt sich um einen jungen Mann, 26 Jahre alt, der bei einem Motorradunfall ein schweres Schädel-Hirn-Trauma erlitt. Einige Merkmale dieses Versorgungsprofiles treffen auch für Menschen mit Schlaganfall zu.

Die Behinderung besteht in einer Halbseitenlähmung links, sogenannte Hemiplegie; einer leichten Bewegungsstörung der rechten Seite; einem Anfallsleiden, das medikamentös eingestellt ist; einer deutlichen Sprachstörung. Ferner finden sich neurophysiologische Ausfälle, die sich in Konzentrationsschwäche, Minderung der Intelligenz, Schreibschwäche etc. äußern. Es besteht inkomplette Inkontinenz für die Blase, der Stuhlgang ist weitgehend unter Kontrolle. Schwergradige Wirbelsäulenverbiegung, offenbar zunehmend.

Der Unfall war vor 15 Monaten gewesen, es wurde 4 Monate eine Akutbehandlung durchgeführt, davon befand sich der junge Mann ca. 3 Monate im Koma. Anschließend 11 Monate Rehabilitationsklinik, kommt jetzt zu den Eltern zurück und fällt in ein "therapeutisches Loch". Er kann mit Hilfe stehen; orthopädische Schuhe fehlen, da eine Erstversorgung fehlgeschlagen war; zu praktisch allen Alltagsverrichtungen braucht er Hilfe; er ist sehr willig, sehr motiviert. Er verfügt über keinen Elektro-Rollstuhl, nur über einen mechanischen Rollstuhl, den er alleine nicht bedienen kann.

Mobilität: Er kann sich im Rollstuhl mit Hilfe der Beine einige Meter bewegen, auch um die Ecke herum, vor allem im Zimmer. Stehen mit Hilfe, kein freier Sitz.

Selbständigkeit: Einhandtätigkeiten, kann komplexe Sachverhalte nicht erfassen, verfügt noch über keine Hilfsmittel außer Schieberollstuhl.

Hilfsbedürftigkeit:Er ist sehr hilfsbedürftig, benötigt praktisch bei allen Tätigkeiten Hilfe, so beim An- und Auskleiden, Toilettengang, Essenszubereitung, Waschen.

Therapeutische Perspektiven: Es ist erreichbar, daß dieser junge Mann alleine steht, daß er aktiv seine Haltung auch im Rollstuhl, zumindest zeitweise korrigieren kann. Voraussetzung ist hier eine Operation mit Stellungskorrektur des linken Fußes. Er könnte ein Übungsgehen erlernen; Sprachförderung ist erfolg - versprechend. Ferner ist die Feinmotorik und die Koordination sowie auch die Konzentration wesentlich verbesserungsfähig. Das Selbsthilfetraining müßte deutlich weiter fortgeführt werden. Der junge Mann sollte einen Elektro-Rollstuhl bekommen können, ferner eine elektrische Schreibmaschine. Ferner muß im Rahmen des Selbsthilfetrainings die Hilfsmittelversorgung für zu Hause, Toilettensitz, helfende Hand etc. abgeklärt werden. Ziel wäre es, mehr Selbständigkeit zu erreichen, damit er zu Hause so versorgt werden kann, daß eine vollständige Pflegeabhängigkeit und insofern auch eine Heimaufnahme vermieden wird. Ferner wäre Ziel, diesen jungen Mann zu befähigen, eine Werkstatt für Behinderte zu besuchen.

Ein solcher Rehabilitationsgesamtplan wird leider trotz gesetzlicher Verpflichtung dazu (Reha-Angleichungsgesetz) fast nie erstellt. In unserer gesamten mehrjährigen Tätigkeit ist uns kein einziger Rehabilitationsgesamtplan bekannt geworden, auch nicht bei solchen Schwerstbehinderten, die um eine Heimaufnahme nachgesucht haben.

Im vorliegenden Fall wäre also zunächst ein phasengerechter Rehabilitationsgesamtplan erforderlich. Über die gängige Einteilung der Rehabilitationsphasen orientiert das erste Schaubild. Nach dem Unfallereignis erfolgt die Sofortbe-

Schaubild 1:

Phasen der Rehabilitation

Unfall

	Krankenhaus	Phase I
	Sofortversorgung	a
	Akutversorgung	b

medizinisch-berufliche Rehabilitation — Phase II

ambulant	teilstationär	stationär

endgültige soziale und berufliche Rehabilitation — Phase III

ambulant (zu Hause)	teilstationär (Tagesklinik WfB Tagesförderstätte)	stationär (Heim)

a) mit intensiver medizinischer Therapie und Betreuung — III a
b) unter Therapie noch Funktionsgewinne, Stabilisierung — III b
c) definitiver Zustand, Therapie wirkt funktionserhaltend — III c

handlung (Phase Ia); anschließend folgt die Phase Ib, wo der Patient bereits das Bewußtsein erlangt hat und ansprechbar ist, so daß mit ihm Therapie gemacht werden kann und er daran aktiv teilnehmen kann, sofern er nicht über Monate im Koma als sogenannter Apalliker verbleibt.

Es folgt dann die Phase II, die entweder ambulant, teilstationär oder stationär erfolgt. Bei der Schwere im vorliegenden Fall kam nur eine stationäre Maßnahme in einer Rehabilitationsklinik in Betracht. Wir sind allerdings der Meinung, daß bei diesem jungen Mann die Entlassung nach 11 Monaten zu früh erfolgt ist.

Die Phase III wäre dann die endgültige Wiedereingliederung zu Hause in sozialer, beruflicher und medizinischer Hinsicht. Auch hier kommt grundsätzlich ambulante, teilstationäre oder stationäre Versorgung in Betracht. Leider wird in der Phase III oft nicht mehr entsprechend den unterschiedlichen Therapie- und Versorgungsnotwendigkeiten differenziert. Wir würden unterscheiden:

eine Phase IIIa mit intensiver medizinischer Therapie und Betreuung, die zwei bis drei Jahre andauern kann, in der noch deutliche Funktionsgewinne möglich sind und noch kein definitives Behinderungsbild vorhanden ist.

Dann folgt eine Phase IIIb, in der eine Stabilisierung stattfindet und noch leichte Funktionsgewinne denkbar sind, was gleichfalls nochmals zwei bis drei Jahre dauern kann. Die Therapie-Intensität geht zurück. Erst anschließend wird in der Phase IIIc der definitive Zustand erreicht, der sich mit zunehmendem Alter wieder verschlechert. Die Therapie wirkt in dieser Phase nur noch erhaltend und wird auch in der Quantität weiter reduziert.

Welche medizinische Versorgung wäre nun im Übergang von der Phase II bis IIIa erforderlich?

1. Mit normaler Pflege ist dem jungen Mann nicht ausreichend gedient, es muß sich um aktivierende Pflege handeln und um korrekte Pflege nach dem Bobath-Konzept. Er muß die Urinalversorgung erlernen und darin unterwiesen werden. Die Eltern müssen im korrekten Umgang, dem sogenannten Handling unterwiesen werden.
2. Mindestens dreimal wöchentlich benötigt er Krankengymnastik nach Bobath, also auf neurophysiologischer Grundlage. Ferner gehört dazu das Rollstuhltraining und die Hilfsmitteladaptation. Ferner wären in der Regel zweimal Bewegungsbad pro Woche dringend notwendig.
3. Ferner ist dreimal pro Woche Beschäftigungstherapie, gleichfalls möglichst nach Bobath notwendig, einschließlich Hilfsmitteltraining sowie Schreibmaschineschreiben.

4. Logopädie:mindestens zweimal pro Woche und logopädische Co-Therapie durch die Eltern.
5. Orthopädische Betreuung: Anfangs Operation am linken Fuß, Gipsnachbehandlung, anschließend Stehgipse, dann Versorgung mit orthopädischen Schuhen, evtl. Lagerungsschienen, Konzeption eines E-Stuhles: Sitzposition, Steuerungsart etc. Sodann Verordnung entsprechender Hilfsmittel entsprechend dem funktionellen Status.
6. Die Beschäftigung in einer Werkstatt für Behinderte hätte unter anderem therapeutische Bedeutung im Hinblick auf Motorik, Konzentration und Motivation.
7. Es ist eine neurologische Mitbetreuung erforderlich wegen der Anfälle, einschließlich neuro- und psychophysiologischer Diagnostik durch einen Psychologen.
8. Gelegentlich ist eine urologische Betreuung zur Überwachung der Inkontinenz notwendig.

Im einzelnen bedeutet dies, daß die orthopädische Behandlung alleine für etwa 4 Monate intensiv notwendig ist (einschließlich Operation), daß ca. 2-3 Therapien pro Tag erforderlich sind, daß praktisch vollständige Abhängigkeit in der Pflege von der Familie besteht, aber gleichzeitig eine fachliche Anleitung erforderlich wäre. Orthopädietechniker und Hilfsmittelfachmann sowie orthopädischer Schuhmacher müßten in der Nähe vorhanden sein. Die Pflege müßte als aktivierende Pflege nach dem Bobath-Prinzip erfolgen können, Beschäftigungstherapie wäre notwendig.

Eine solche Versorgung wäre in unserem SVG nicht möglich, nicht einmal in der Stadt Bad Kreuznach. Uns sind jedoch mehrere Fälle bekannt, in denen genau diese Probleme eingetreten sind. Welche Lösungen würden sich anbieten?

Zum einen könnte die Phase II im Rahmen eines stationären Aufenthaltes verlängert werden. Dies wurde von den Kostenträgern abgelehnt, andererseits stellt sich auch die Frage nach der Effektivität, da Wohnortnähe zum Aufbau sozialer Kontakte und stabiler therapeutischer Beziehungen sicher sinnvoll wären. Eine Möglichkeit könnte hier sein, daß die Primärtherapeuten nach Hause kommen; wahrscheinlich wäre aber eine teilstationäre Unterbringung in einer Art Therapiezentrum oder Tagesklinik sinnvoller, in der alle Therapeuten am Ort koordiniert miteinander arbeiten können.

In der Phase IIIb würde sich das Programm reduzieren können auf zweimal Krankengymnastik, zweimal Beschäftigungstherapie, einmal Logopädie pro Woche. Die Beschäftigung in einer Werkstatt müßte möglich sein. Neurologische und orthopädische Kontrolluntersuchungen dürfen ein bis zwei Monate auseinanderliegen.

Weiterhin besteht Pflegeabhängigkeit, jedoch hat er einen funktionellen Zugewinn gemacht, so daß er 4-6 Stunden alleine bleiben und sich auch helfen kann. Ferner habe sich eine Verbesserung der inkontinenten Situation im Bereich der Blase eingestellt. Noch immer sind dann aber zwei bis drei Therapietage pro Woche erforderlich. Auch die Pflege ist umfänglicher, als die Sozialstation leisten kann und bleibt voll bei der Familie. Die Mobilisierung außerhalb der Wohnung ist noch schlecht. In der Phase IIIc käme man mit ein bis zwei Therapien pro Woche aus, die unter Umständen im Rahmen der Werkstatt für Behinderte angeboten werden können. Neurologische und orthopädische Kontrollen alle 6 Monate. Hilfsmittelfachmann und Orthopädietechniker beschränken sich auf Reparaturen. Wichtig ist, daß Training im Elektro-Rollstuhl erfolgt, so daß sicheres Fahren erreicht wird. Anzustreben wäre, daß er 8-10 Stunden alleine sein und sich helfen kann, im Haushalt selbständig ist und bei seiner eigenen Pflege maximal unterstützend mitwirkt.

Sie werden fragen, ob dies nicht zwei Extremfälle sind: dies ist nicht der Fall. Es handelt sich um gängige Krankheitsbilder mit ganz typischen und klassischen Problemen, die in unserem SVG vielfach vorkommen. Diese Krankheitsbilder sind auch nicht so selten, wie allgemein angenommen wird; hierzu wollen wir im folgenden weitere Ausführungen machen.

Gefragt werden könnte auch, ob der skizzierte Versorgungsanspruch nicht überzogen ist. Hierzu kann festgestellt werden, daß dies keine Maximalforderungen sind, sondern die Forderungen, die heute von jedem Behandlungszentrum an die Einrichtung der Peripherie gestellt werden. Es handelt sich dabei um international anerkannte Standards. Es leuchtet ja auch ein, daß für einen Behinderten stabile gesundheitliche Verhältnisse geschaffen werden müssen, damit er eine zumindest minimale soziale und auch berufliche Integration erreichen kann.

Bezüglich der Häufigkeit einzelner Behinderungen und der Häufigkeit von Körperbehinderten und Hilfsbedürftigen in den Regionen überhaupt kann auf das Referat von Bastian verwiesen werden (in diesem Band S. 39 ff.).

Ergänzend zu den dortigen Ausführungen sollen hier jedoch exemplarisch die Häufigkeiten bestimmter Behinderungen und chronischer Krankheiten, hochgerechnet auf die Einwohnerzahl unseres SVG, dargestellt werden (siehe Schaubild 2). Diese Schätzungen vermitteln allerdings weniger eine exakte Fallzahl, als vielmehr einen ungefähren Eindruck von der Größenordnung, mit der hier in der Planung kalkuliert werden muß.

Schaubild 2:

Körperlich behinderte Menschen im SVG (Schätzungen)

Art der Behinderung		Geschätzte Anzahl*	
Infantile Cerebralparese		700	**
Muskeldystrophie		160	**
Spina bifida		320	**
Dysmelie		15	
Poliomyelitis		300	**
Querschnittslähmungen		100	
Schädel-Hirn-Trauma (schwer)	270		
davon unter 65 Jahren		100	
Apoplex (gesamt)	1680		
davon schwerste Folgen	570		
davon unter 65 Jahren		135	
chronische Polyarthritis (schwer)	335		
davon unter 65 Jahren		170	
multiple Sklerose		500	**
Amputationen		70	
Kriegsopfer		680	
Arthrosen (schwer)	1000		
davon unter 65 Jahren		?	

* zum Teil unklar, ob Inzidenz- oder Prävalenz-Raten zugrundeliegen

** wahrscheinlich unter Einschluß auch leichterer Fälle

4. Bausteine zu einer wohnortnahen rehabilitationsmedizinischen und therapeutischen Versorgungsstruktur

4.1. Notwendige Dienste

Welche Dienstleistungen sind in unserem SVG und im ÜVG mit welcher Qualität notwendig, um eine adäquate rehabilitationsmedizinische und therapeutische Versorgung von verschiedenen Körperbehinderten sicherzustellen? (zur Erläuterung vgl. Schaubild 3).

Gehen wir von der Region Nahe-Hunsrück mit ca. 335 000 Einwohnern aus, so sind die Einrichtungen der ersten Spalte darin vorhanden. Es bestehen allerdings quantitative Defizite, so z.B. in der Versorgung mit Krankengymnasten, Ergotherapeuten, Logopäden, Orthopäden und auch anderen Ärzten.

In der zweiten Spalte des Schaubildes sind die Erfordernisse bezogen auf qualitative Defizite genannt: Kompetente Versorgung von Behinderten bedeutet für fast alle Disziplinen, sich spezielle Kenntnisse (über die Ausbildung hinaus) durch Fortbildung, Kooperation und Erfahrung anzueignen. Wir sind nämlich der Auffassung, daß zur kompetenten Betreuung Körper- und Mehrfachbehinderter eine gewisse Spezialisierung innerhalb der einzelnen Berufe (Fachärzte und Therapeuten) erforderlich ist, die nur nach der Berufsausbildung erfolgen kann. Die Ausbildungen etwa für Krankengymnasten und auch Ärzte für Orthopädie sind in rehabilitationsmedizinischer Hinsicht völlig unzureichend. So ist bei den Krankengymnasten die neurophysiologische Ausbildung nach Bobath oder in einem anderen neurophysiologischen Konzept nur bruchstückhaft, ähnliches gilt bei den Ärzten für Orthopädie im Hinblick auf die Ausbildung in Hilfsmittelversorgung und der konservativen Orthopädie.

Im Schaubild 4 links finden sich die Einrichtungen, die im ÜVG vorhanden sein sollten. Zu bemerken ist, daß schon derzeit die Spina-bifida-Ambulanz und der neurochirurgische Konsiliararzt viele Betroffene, vor allem Kinder und Jugendliche, z.T. mobil in Bad Kreuznach selbst, versorgt.

Im Schaubild 4 in der rechten Spalte finden sich hochspezialisierte stationäre Einrichtungen mit hochspezialisierten Ambulanzen. Diese können und müssen nicht unbedingt im ÜVG vorhanden sein.

4.2. Basisversorgung

Natürlich sind nicht für jeden Behinderten ständig alle Experten gefragt. Man

Schaubild 3:

Medizinisch-therapeutische Dienste im SVG

Vorhandene Angebote	Spezielle Erfordernisse
o Hausarzt	Interesse, Fortbildung, Kooperation
o Orthopäde	Kenntnisse in: Behinderungsformen, Techn. Orthopädie, Hilfsmittelversorgung, Neurophysiologie (Bobath), Rheumatologie, Neurologie etc.
Neurologe	Epilepsie, Systemerkrankungen
Urologe	Querschnittslähmungen
Internist	Geriatrie, evtl. Rheumatologie
o Krankengymnast	Bobath-Ausbildung
o Beschäftigungstherapeut	" "
Logopäde	" "
o Orthopädie-Techniker	spezielle Erfahrung und Fortbildung
o Hilfsmittel-Fachmann	" "
o Orthop.-Schuhmacher	" "
Sozialarbeiter o.ä. Psychologe / -therapeut	psychosoziale Beratungskompetenz auch für Körperbehinderte
o Sozialstation / Pflegedienste	spezielle Schulung und Fortbildung
o Selbsthilfegruppen	behinderungsspezifisch / regional
o Laienhelfer	spezielle Anleitung

o Rehabilitationsmedizinische Betreuung und Dienste

muß deshalb eine Art Basisversorgung definieren, die mehr oder weniger von jedem Körperbehinderten gebraucht wird und deshalb wohnortnah zur Verfügung stehen muß. Diese umfaßt bei körperbehinderten Erwachsenen (im Schaubild 3 mit einem o gekennzeichnet):

1. Hausarzt: er sollte über jeden Behinderten genau informiert sein, engagiert und im Nahbereich vertreten sein, Hausbesuche machen, eine rollstuhlgerechte Praxis haben, kontinuierliche Betreuung und Beratung gewährleisten, informieren, zuverlässiger Partner, vor allem bei Komplikationen und Nöten, auch am Wochenende sein.
2. Arzt für Orthopädie: er ist für die Bewegungsorgane zuständig, sowohl für orthopädische Therapie im engen Sinne, als auch für die Hilfsmittelversorgung etc., sowie die Verordnung der physikalischen Therapie einschließlich Beschäftigungstherapie. Unter Umständen ist es am sinnvollsten, hier die rehabilitationsmedizinische Betreuung anzusiedeln.
3. Krankengymnast: sollte nach Bobath ausgebildet sein, möglichst im Nahbereich tätig, Hausbesuche, rollstuhlgerechte Praxis.
4. Beschäftigungstherapeut: möglichst Bobath-Ausbildung, möglichst Nahbereich, Hausbesuche, rollstuhlgerechte Einrichtung, wichtig besonders für Phase II-Patienten zur funktionellen Therapie (z.B. Schlaganfall).
5. Orthopädietechinker, Hilfsmittelfachmann, Orthopädie-Schuhmacher: jeweils mit spezieller Erfahrung. Muß im SVG vorhanden sein, Hausbesuche machen, Reparaturabholdienst, evtl. Filialisierung in kleineren Städten. Besonders wichtig in diesem Zusammenhang ist, daß die Hilfsmittelversorgung nicht durch überregionale Firmen übernommen wird, die lediglich ein Konfektions-Hilfsmittel hinstellen, dann aber zur weiteren Versorgung und Betreuung nicht mehr zur Verfügung stehen.
6. Sozialstation, Fachpflegekräfte oder angelernte Helfer, im Nahbereich Hauspflege, meist spezielle Anleitung oder Unterweisung erforderlich, vgl. Stichwort: aktivierende Pflege.
7. Selbsthilfegruppen, Selbsthilfeverein oder ähnliches.
8. Rehabilitationsmediziner: für den intensiv zu versorgenden Mehrfachbehinderten ist ein Rehabilitationsmediziner mit speziellen Kompetenzen für die Körperbehinderung, zur Koordination der Kooperation, Komprehension notwendig und sollte im SVG vorhanden sein. Er muß Hausbesuche machen, und vor allem konsiliarisch und beratend tätig werden, also mit eigener diagnostischer, therapeutischer Behandlungsmöglichkeit im jeweiligen Facharztgebiet, z.B. Orthopädie. Eine solche Stelle ist in der Regel nur auf besondere Finanzbasis denkbar, z.B. angestellter Arzt einer Behinderten-Einrichtung mit kassenärztlicher Ermächti-

Schaubild 4:

Medizinisch-therapeutische Dienste

Übergeordnetes Versorgungsgebiet

Orthopädie: weitere Spezialisierung Operationen, spez. Hilfsmitteltechnologie	Einrichtungen der Maximalversorgung und Forschung
i.d. Regel an Zentren	Univ. Klinik Mainz große Wirbelsäulenchirurgie
Neurologie	Neurologie
Neurochirurgie	Spina bifida (Neurochirurgie)
Neuroradiologie	Urologie
Ambulanzen:	
Spina bifida	Spina bifida Zentrum, Heidelberg
Cerebralparese	
Muskelerkrankungen	Paraplegiologie, Heidelberg
Geriatrie	Einrichtungen der beruflichen Rehabilitation (BBW, BFW)
Heilpädagoge (an Zentren)	
Zentrum der medizinisch-beruflichen Rehabilitation (stationär)	
Neurologische Klinik	
Psychiatrische Klinik	
Allgemeines Krankenhaus	

gung. Sinnvoll wäre ein auch andere Disziplinen umfassender rehabilitationsmedizinischer Dienst.

Diese Basisversorgung ist zur Zeit zwar weitgehend vorhanden, funktioniert jedoch nicht adäquat. Sie erfordert einen relativ hohen Beratungs- und Zeitaufwand für die beteiligten Therapeuten, der in den Gebührenordnungen nicht angemessen honoriert wird. Würde jemand nur Rehabilitationsmedizin oder auch nur schwerpunktmäßig Rehabilitationsmedizin betreiben, könnte er z.B. als Kassenarzt nicht existieren. Die notwendige Spezialisierung und Fortbildung ist zum großen Teil bei den verschiedenen Therapeuten und Ärzten noch nicht gegeben. Viele halten diese auch nicht für notwendig, da die Notwendigkeit mangels entsprechender Kenntnisse in der Rehabilitation verneint wird.

Besonders enge Kooperation und Information auf der Ebene der Basisversorgung wäre wichtig, insbesondere muß auch der Behinderte und seine Angehörigen einbezogen werden. Typischerweise funktioniert der Informationsweg Facharzt-Hausarzt, umgekehrte Wege oder Querverbindungen gibt es nur selten.

Kennzeichen der Basisversorgung muß die Mobilität der Therapeuten sein, d.h. Hausbesuche müssen regelmäßig und selbstverständlich erfolgen.

Dennoch gehört auch die rollstuhlgerechte Einrichtung von Praxen, Gebäuden, Verkehrswegen dazu; ein adäquates Transportsystem, das für Behinderte mit E-Rollstühlen geeignet ist.

Unmöglich ist derzeit in der Basisversorgung die echte Teamarbeit mit Teamgesprächen.

Die Mitglieder der Basisversorgung sollten zuverlässige Partner des Behinderten darstellen, die auch die psycho-sozialen Aspekten (Dauerbetreuung) wahr- und ernstnehmen und ggf. sich auch hier für Lösungen engagieren.

4.3. Rehabilitationsgesamtpläne

Aus den o.g. Versorgungsprofilen ist ersichtlich, daß sehr unterschiedliche Behandlungs- und Betreuungsmöglichkeiten für einzelne Behinderte bestehen. Da jede therapeutische und betreuende Maßnahme finanziert werden muß, bedarf es einer exakten Indikationsstellung für jede dieser Maßnahmen. Keinesfalls braucht jeder Körperbehinderte permanent ein medizinisches Team um sich herum, das ihm den Alltag gestaltet oder "vermiest" (Medikalisierung!). Insofern muß für jeden einzelnen Betroffenen anhand einer genauen Indikationsstellung ein Behandlungs- bzw. Rehabilitationsplan erstellt werden, der mit dem Betroffenen und den Angehörigen gemeinsam erarbeitet, fortgeschrieben und praktisch umgesetzt wird. Wären solche Behandlungs- und Rehabilitationspläne regelmäßig erstellt und könnten sie auch durchgeführt werden, würde es weniger schwerstpflegeabhängige Menschen geben.

Die Defizite der Versorgung lägen andererseits dann offen zu Tage.

Die Erarbeitung solcher Rehabilitationskonzeptionen und Förderpläne benötigt sehr viel Erfahrung: entweder werden therapeutische Möglichkeiten sonst vergeben oder aber es werden zu hohe Erwartungen geweckt, die unter Umständen später zur Überforderung der Beteiligten, zur Resignation führen können. Auch wäre ein Übermaß an therapeutischen Leistungen nicht finanzierbar.

4.4. Arzt für Rehabilitationsmedizin

Weil einerseits Teamarbeit ambulant vor allem in einem Flächengebiet so schwierig ist, andererseits das Kriterium der komprehensiven Versorgung erfüllt werden müßte, bedarf es nach unserer Auffassung eines qualifizierten und spezialisierten Ansprechpartners neben dem Hausarzt, eines Arztes für Rehabilitationsmedizin. Er sollte in einem Fachgebiet selbst therapeutisch tätig sein, sollte aber in bezug auf Körper- und Mehrfachbehinderte spezielles Wissen haben und in der Lage sein, weitere Maßnahmen und Kontakte zu vermitteln und zu koordinieren. Ferner gehört dazu die Bereitschaft, an der Bewältigung der Folgen von Krankheit und Behinderung mitzuwirken und nicht zuletzt sozialrechtliche und verwaltungsrechtliche Kenntnisse. Er sollte auch zu den Kostenträger der Region enge Kontakte pflegen.

Der Rehabilitationsmediziner für Körperbehinderte sollte ein Orthopäde sein, je nach regionalen Besonderheiten auch Pädiater, Allgemeinmediziner, Neurologe oder Rheumatologe. Allerdings bedürfte es einer Organisationsform seiner Praxis, die das Ausüben von Rehabilitationsmedizin zuläßt, d.h. räumlich geeignet ist und zeitliche Spielräume läßt. Dies ist praktisch in einer normalen Kassenpraxis vor allem aufgrund der Honorierungsregelung nicht gegeben. Deshalb kommen für die Wahrnehmung der rehabilitationsmedizinischen Aufgaben besonders Ärzte in Institutionen in Betracht, die kassenärztlich ermächtigt, oder im Rahmen von Institutionsermächtigung tätig sind, sofern dort Raum für rehabilitationsmedizinische Tätigkeit gelassen wird. Nur an Rehabilitationsschwerpunkten kommen ausreichende Patientenzahlen zusammen, so daß entsprechende Erfahrung kumuliert werden kann. In der Praxis eines niedergelassenen Arztes sind einfach die einzelnen Behinderungen zu selten, als daß sich profunde Erfahrung auf Dauer einstellen könnte. Zu berücksichtigen ist natürlich die Abgrenzung und Kooperation mit bestehenden Einrichtungen im SVG.

Die therapeutische Arbeit und die Arbeit der niedergelassenen Kollegen bleibt unberührt, da es sich überwiegend um eine konsiliarische, beratende Tätigkeit handelt mit Angebotscharakter, vielleicht abgesehen von der gebietsärztlich eigenständigen Tätigkeit des Rehabilitationsmediziners.

Eine solche rehabilitationsmedizinische Betreuung erfahren derzeit z.B. die Kinder und Jugendlichen im Sozialpädiatrischen Zentrum der Diakonie-Anstalten und die Bewohner der Rehabilitationseinrichtung für Körperbehinderte BETHESDA, die Schüler der Schule für Körperbehinderte der Diakonie-Anstalten (alle in Bad Kreuznach) sowie die Besucher der Diakonie-Werkstätten (WfB).

4.5. Abbau von Zugangsbarrieren

Es ist davon auszugehen, daß ein großer Teil der Körper- und Mehrfachbehinderten der Region nicht in den Genuß adäquater Hilfe kommt. Selbst in einer rheumatologisch gut versorgten Großstadt sind ca. 20 % der Rheumakranken trotz eindeutiger Symptome nicht in entsprechender ärztlicher Behandlung. Noch immer werden Behinderte im Hunsrück in Verschlägen völlig abgeschirmt gefunden. Es muß deshalb überlegt werden, wie die Inanspruchnahme von medizinisch-therapeutischen Leistungen erleichtert werden kann, damit alle Körperbehinderten versorgt werden können.
Dies kann geschehen durch:

- Wohnortnähe;
- Hausbesuche;
- Transportdienst;
- Klärung der Transportkosten, unbürokratische, einfache und freundliche Abwicklung;
- freundliche, geduldige, ausführliche Informationen und Beratung;
- geringe Hürden durch Praxisorganisation (Wartezeit, Telefonkontakte, Vermeiden überflüssiger Termine, optimale Abwicklung etc.);
- geringe Kosten für den Behinderten, Stichwort: Gesundheitsreform-Gesetz.

Verständnisvolles Aufeinanderzugehen, Vermeiden von Überforderung der Betroffenen und Realitätsnähe sind besonders wichtig. Gerade Behinderte haben oft schlechte Erfahrungen mit Ärzte und Ängste, die erst langsam abgebaut werden müssen.

4.6. Psycho-soziale Beratung

Körper- und Mehrfachbehinderte und ihre Familien benötigen mehr als nur medizinisch-therapeutische Versorgung, nämlich die Unterstützung anderer Experten im psycho-sozialen Bereich: hieran mangelt es. Erziehungs- und Familienberatungsstellen sind auf Beratung Behinderter nicht eingestellt, haben meist keine Erfahrung, oft keine rollstuhlgerechte Einrichtung. Sozialdienste der Gesundheitsämter sind in die Verwaltung eingebunden, können nur z.T. psychologisch und pädagogisch adäquat beraten. Folgende Schwerpunkte sind in der professionellen Beratung und Betreuung notwendig:

- Sozialrecht, z.B. Sozialhilfe, Sozialwohnung, Schwerbehinderung, Pflegegeld
- Rehabilitationsgesamtplan (Arbeitsamt, Krankenkasse, andere Kostenträger)
- psycho-soziale Beratung (Lebens- und Beziehungsfragen, Partnerschaft, Sexualität)
- Psychotherapie
- Heilpädagogik
- u.a.

4.7. Medizinisch-therapeutische Versorgung in Verbindung mit bestehenden Einrichtungen

a) In Heimen können bzw. könnten viele o.g. Ansprüche an eine rehabilitationsmedizinische Betreuung eher verwirklicht werden; allerdings ist dazu die Betreuung durch einen Rehabilitationsmediziner als Heimarzt notwendig, wie dies z.B. in den Diakonie-Anstalten Bad Kreuznach in allen Heimen der Fall ist. Dies ist durch teilweise Übernahme der Arzt- und Therapiekosten in den Pflegesatz möglich und wegen der Schwere der Behinderung auch unbedingt erforderlich; unseres Erachtens sind reine Pflegeheime ohne kontinuierliche rehabilitationsmedizinische Versorgung für Körperbehinderte, Geistigbehinderte, Sinnesbehinderte und Mehrfachbehinderte nicht sinnvoll. Dies gilt auch für Altenheime, wenngleich je nach Heimart eine unterschiedlich intensive Betreuung notwendig ist. Dazu sind regelmäßige therapeutische Dienste wie Krankengymnastik und Beschäftigungstherapie notwendig, jeweils wiederum mit Spezialisierung und Fortbildung. Die therapeutische und rehabilitationsmedizinische Betreuung von Heimbewohnern nur durch ambulante Ärzte und Therapeuten ist nach unserer Erfahrung in jedem Fall unzureichend.

b) Für Besucher einer Werkstatt für Behinderte könnte die rehabilitationsmedizinisch-therapeutische Versorgung gleichfalls leicht gewährleistet werden, wenn dort nicht nur arbeitsmedizinische, sondern umfassende Betreuung vorgesehen wäre und dort die notwendigen therapeutischen Dienste vorhanden wären, z.B. Beschäftigungstherapeuten, Krankengymnasten etc. Als quasi-teilstationäre Einrichtung hat sie auch eine wichtige Funktion für die Verbesserung der medizinisch-therapeutischen Betreuung, analog den Schulen für Körperbehinderten. Noch aber wird dieser Aspekt zu wenig als Schwerpunkt der WfB-Arbeit gesehen.

c) Für erwachsene Schüler gilt analoges wie bei b); gleichfalls für die Besucher einer Tagesförderstätte.

d) Die Problemgruppe stellen Behinderte ohne Anbindung an eine teil- oder vollstationäre Versorgung dar, die zu Hause, allein oder in der Familie leben, die bislang keine Möglichkeiten der rehabilitationsmedizinischen Betreuung durch Spezialisten haben und alle Schwierigkeiten selber lösen müssen. Damit sind sie

Schaubild 5:

Rehabilitationsmedizinische Betreuung von Körperbehinderten

Möglichkeiten Rehabilitationsmedizinischer Dienste (RMD)

1. stationärer Bereich (Heime)	- RMD integriert - RMD von außen
2. teilstationärer Bereich (WfB, Förderstätten, Clubs etc.)	- RMD integriert - RMD von außen
3. ambulanter Bereich	- RMD neu zu schaffen - in Anbindung an bestehende Institutionen - als ambulantes eigenständiges Gebilde ("Zentrum")

4. klinische RMD als Abteilung an einem Krankenhaus der Regelversorgung

5. teilstationäre klinische RMD als sogenannte Tagesklinik im Verbund mit einem Krankenhaus der Regelversorgung

bzw. ihre Angehörigen oft überfordert. Man denke nicht nur an den Körperbehinderten von Geburt an, sondern auch an den Erwachsenen mit erworbenen Behinderungen, z.B. Schädel-Hirn-Trauma und Schlaganfall.

Drei Wege wären hier zur besseren medizinisch-therapeutischen Versorgung denkbar:
- intensive ambulante Behandlung zur Hause und von zu Hause aus;
- teilstationäre Einrichtungen der sozialen Rehabilitation mit rehabilitationsmedizinischer Betreuung;
- teilstationäre medizinische Betreuung in einer sogenannten Tagesklinik, zumindest in der Phase II bis III, in einem regionalen Rehabilitationszentrum.

e) Die Versorgung älterer Menschen mit Behinderungen erfordert sicher eine geriatrische und z.T. auch geronto-psychiatrische Mitbetreuung. Dies soll hier aber nicht vertieft werden.

Einen Überblick über mögliche Formen und Anbindungen der Rehabilitationsmedizinischen Dienste gibt das Schaubild 5; je nach regionalen Bedingungen kommen verschiedene Lösungen in Betracht.

5. Erste Schritte und konkrete Folgerungen

1. Es erscheint dringend erforderlich, Zahl und Art der Behinderungen in einer Standardversorgungsregion festzustellen. Dabei sind nur solche Erfassungsmethoden tauglich, die mit praktischen Hilfsangeboten verknüpft sind, die es also erlauben, den tatsächlichen Schweregrad und die Behinderungsursache korrekt einzuschätzen. Allerdings würde auch eine Primärbefragung bereits wesentliche Grunddaten liefern.
2. Bei Körper- und Mehrfachbehinderten besteht ein Defizit in der Erstellung und Konzeption von umfassenden Behandlungs- und Rehabilitationsplänen. Insbesondere wird offenbar sehr häufig versäumt, einen sogenannten Rehabilitationsgesamtplan aufzustellen. Dies müßte sich dringend ändern.
3. Es sind dringlich Versorgungslücken zu schließen: In der Standardversorgungsregion bedarf es mehrerer Beschäftigungstherapeuten, auch in Form von Institutionsermächtigungen. Die pflegerische Versorgung müßte ausgebaut werden, insbesondere mit längeren Pflegezeiten pro Tag sowie Einbezug von Aktivierungstechniken und unter Anwendung neurophysiologischer Verfahren (Bobath). In einzelnen Orten bestehen auch noch Defizite in der krankengymnastischen Versorgung.
4. Körper- und Mehrfachbehinderte benötigen in besonderer Weise spezielle und professionalisierte Hilfestellungen. Die Grundqualifikationen der vorhandenen

Disziplinen sowohl im ärztlichen wie auch im nicht-ärztlichen Bereich reichen hier nicht aus. Es ist deshalb zum einen erforderlich, daß durch Fortbildung die Therapeuten in der Basisversorgung besser qualifiziert werden, auch besser von Spezialisten im ÜVG angeleitet werden, andererseits sich aber auch Subspezialisierungen innerhalb der einzelnen Fachgruppen herausbilden, z.B. auf Rehabilitation spezialisierte Pädiater, Neurologen, Orthopäden, etc. Da die rehabilitationsmedizinischen Leistungen in normalen Praxen finanziell und organisatorisch nicht abgesichert sind, wären besondere institutionelle Anbindungen, etwa in Verbindung mit Institutionen der Rehabilitation erforderlich.

5. In einer Flächenregion ist eine hohe Mobilität aller Beteiligten besonders wichtig. Hierzu wäre Voraussetzung, daß Therapeuten grundsätzlich Hausbesuche machen, auch Fachärzte. Auch die Mobilität Behinderter muß dadurch verbessert werden, daß öffentliche Verkehrsmittel für sie benutzbar gemacht werden, ein entsprechendes behindertengerechtes Transportwesen weiter ausgebaut wird und vor allem auch die baulichen Gegebenheiten etwa in Praxen, medizinischen Versorgungseinrichtungen, aber auch Behörden, Straßen, etc. behinderten- und vor allem auch rollstuhlgerecht umgeändert werden.
6. Es bedarf einer rehabilitationsmedizinischen Beratungs- und Kontaktstelle, bzw. eines rehabilitationsmedizinischen Dienstes, analog den sozial-pädiatrischen Zentren, der Beratung, Koordination und Komprehension sowie Hilfestellung bei speziellen Fragestellungen geben kann. Dies wäre sofort möglich, indem an vorhandene rehabilitationsmedizinische Einrichtungen, z.B. Diakonie-Anstalten Bad Kreuznach, angeknüpft würde. Für die Spina-bifida--Betroffenen könnte dies eine Spina-bifida-Ambulanz in Verbindung mit einer solchen rehabilitationsmedizinischen Stelle sein. Ziel sollte hier eine Einrichtung analog der Frühförderung oder einem sozial-pädiatrischen Zentrum sein, das umfassend Dienstleistungen für verschiedene Gruppen von Körperbehinderten anbieten kann.
7. Zur Verbesserung der medizinischen Versorgung und der Rehabilitation Körper- und Mehrfachbehinderter in einem SVG sollte grundsätzlich ein träger- und kostenträger-übergreifender Arbeitskreis gebildet werden analog den "Psycho--sozialen Arbeitsgemeinschaften" in der Sozialpsychiatrie.
8. Zwar sind die notwendigen Änderungen im wesentlichen alle systemkonform, stellen jedoch auch eine Weiterentwicklung medizinisch-therapeutischer Versorgungsstrukturen dar. Um sicher zu gehen, daß auch wirklich positive Wirkungen für die Betroffenen mit vertretbarem Kostenaufwand erreicht werden, sollten bei dem Beschreiten neuer Wege Begleitforschungen und eine Evaluation stattfinden.

9. In bezug auf die Finanzierung medizinisch-therapeutischer Leistungen einerseits und sozialpädagogischer Maßnahmen andererseits in einem rehabilitationsmedizinischen Zentrum sollte eine enge Kooperation der Kostenträger erfolgen, um eine reibungslose Mischfinanzierung sicherzustellen. Die psycho-sozialen Aspekte von Behinderung bedürfen nämlich genauso wie die medizinisch-therapeutischen der intensiven Beachtung und dürfen von diesen nicht getrennt behandelt werden.
10. Besonders wichtig ist die Information und Fortbildung der Betroffenen in bezug auf ihre Behinderung, vor allem auch der Angehörigen. Wichtig in diesem Zusammenhang ist die Arbeit von Selbsthilfegruppen.
11. Die Hilfsmittelversorgung sollte unbürokratisch vonstattengehen und weniger restriktiv gehandhabt werden. Sie sollte qualitativ durch den Facharzt und den rehabilitationsmedizinischen Spezialisten kontrolliert werden. Sie sollte regional durch regionalisierte Firmen mit ständiger Reparaturbereitschaft durchgeführt werden.
12. Es sollte überlegt werden, inwieweit die rehabilitationsmedizinisch-therapeutische Versorgung für alle bestehenden teilstationären Einrichtungen der sozialen Rehabilitation verbessert und finanziell im Pflegesatz abgesichert werden kann.
13. Zur wohnortnahen intensiven medizinischen Betreuung vor allem im Übergang der Rehabilitationsphase II zu III ist eine Tagesklinik erforderlich.

Die adäquate rehabilitationsmedizinisch-therapeutische Versorgung von Behinderten und die behinderungsgerechte Gestaltung der Umwelt ist eine gesellschaftliche Aufgabe, also eine Aufgabe der Verwaltungen, ein Gegenstand politischer Arbeit und eine notwendige Gestaltungsaufgabe für Gemeinden, Kreise und auch das Land Rheinland-Pfalz.

LITERATURVERZEICHNIS

Arbeitsgemeinschaft Spina bifida und Hydrocephalus e.V. (Hrsg.): Die medizinische Versorgung von Betroffenen mit Sp. b. und Hyd. über das Jugendalter hinaus - Ein Tagungsbericht, Menden 1988

dies. (Hrsg.): Hydrocephalus - Tagungsbericht, Menden 1988

Bobath, Berta: Die Hemiplegie Erwachsener. Befundaufnahme, Beurteilung und Behandlung, Stuttgart 1985[4]

Bundesarbeitsgemeinschaft für Rehabilitation (Hrsg.): Arbeitshilfe für die Rehabilitation schädel-hirn-verletzter Kinder und Jugendlicher, Frankfurt 1986

dies. (Hrsg.): Arbeitshilfe für die Rehabilitation von Schlanganfallpatienten, Frankfurt 1989

dies. (Hrsg.): Arbeitshilfe für die Rehabilitation von Rheumakranken, Frankfurt 1989

Bundesministeriums für Forschung und Technoloie (Hrsg.): Wohnortnahe Versorgung von Rheumakranken. Ein Modellverbund stellt sich vor, Bonn 1988

Bundesverband für spastisch Gelähmte und andere Körperbehinderte e.V. (Hrsg.): Vorstellungen des Bundesverbandes zu einer humanen und solidarischen Behindertenpolitik, Düsseldorf 1987

Deppe, Hans-Ulrich / Priester, Klaus: Modelluntersuchung Ambulante Krankenpflege. Arbeitsweise und Stellung im Gesundheitssystem, Wiesbaden 1987

Engel, Joachim-Michael / Ströbel, Günter: Rheumatherapie, Weinheim 1985

Hasselblatt, Anita: Ergotherapie in der Orthopädie. Eine Einführung in die fachspezifischen Behandlungstechniken, München 1985

Jocheim, Kurt-Alphons / Scholz, Josef Franz (Hrsg.): Rehabilitation, Bd. I: Gesetzliche Grundlagen, Methoden und Maßnahmen, Stuttgart 1975

Jocheim, Kurt-Alphons u.a. (Hrsg.): Alte Menschen mit Behinderungen - behinderte Menschen im Alter. Ein Tagungsbericht, Heidelberg 1988

Kliemke, Christa / Knebel, Heide: Ergotherapie im Rahmen der Sozialstation. Erfahrungen aus einem Berliner Projekt, in: Beschäftigungstherapie und Rehabilitation, Jg. 1989, Heft 2, S. 97 - 101

Mäurer, Horst-Christian (Hrsg.): Schlaganfall. Rehabilitation statt Resignation, Stuttgart 1989

Moch, Kurt: Hauskrankenpflege - ein Auftrag für das Fachgeschäft, in: Orthopädie--Technik, Jg. 40 (1989) Heft 2, S. 72 - 79

Raspe, Hans-Heinrich: Chronische Polyarthritis: Komprehensive Versorgung, in: Therapiewoche, Jg. 35 (1985), S. 2232 - 2236

ders.: Chronische Polyarthritis, in: Uexküll, Th.v. (Hrsg.): Psychosomatische Medizin, München 1985, 3. Auflage

Weber-Falkensammer, Hartmut (Hrsg.): Sozialarbeit im Umfeld des Patienten. Arbeitsbuch für soziale Berufe, Erlangen 1983

GLOSSAR / FACHWORTVERZEICHNIS

Apalliker	Mensch in einer sog. Enthirnungsstarre mit Ausfall zahlreicher Hirnfunktionen
Apoplex	Schlaganfall / Gehirnschlag
Arthrose	degenerative Gelenkerkrankung
nach Bobath	krankengymnastisches Behandlungskonzept, entwickelt von Karl und Berta Bobath, das die Änderung abnormer und Anbahnung normaler Bewegungsmuster zum Ziel hat.
(Infantile) Cerebralparese	(frühkindliche) Hirnschädigung mit der Folge sensomotorischer Ausfälle, die sich u.a. in abnormen Haltungs- und Bewegungsmustern bei gleichzeitig abnormer Muskelspannung zeigen (z.B. als "Spastik")
chronische Polyarthritis	"rheumatische", entzündliche Allgemeinerkrankung, die sich vor allem als Gelenkschmerzen und Bewegungsbehinderungen manifestiert
Decubitus	Druckstellen und Druckgeschwüre durch Wundliegen
Dysmelie	Gliedmaßen-Fehlbildung; z.Zt. vor allem durch die "Contergan"-Schädigungen während der Schwangerschaft (60er Jahre)
Hemiplegie	Halbseiten-Lähmung (betroffen z.B. linkes Bein und linker Arm)
Hydrocephalus	Vergrößerung der Hirnkammern, z.B. durch vermehrte Ansammlung von Gehirnflüssigkeit; oft bei Spina-bifida-Kindern (siehe dort)
Indikation	Notwendigkeit bestimmter Heilverfahren oder Behandlungsmethoden
Inkontinenz	Unvermögen zum willentlichen Zurückhalten des Harns und/oder Stuhls
Komprehension	Zusammenwirken , Zusammenfassung, Bündelung
Konsiliar-Arzt	begleitend beratender Arzt
Kontraktur	Funktions- und Bewegungseinschränkung, z.B. durch Dauerverkürzung bestimmter Muskeln oder Gelenkkapseln
lege artis	"nach allen Regeln der Kunst"

Muskeldystrophie	Muskelschwund
neurophysiologisch	den Funktionsweisen des Nervensystems entsprechend
Paraplegie	Lähmung zweier symmetrischer Gliedmaßen; z.B. Querschnittslähmung
Poliomyelitis	Kinderlähmung
Prävention	vorbeugende Maßnahme, Vorbeugung
Prophylaxe	Verhütung von Krankheiten
Sigma-Conduit	bestimmte Form eines künstlichen Blasenausganges
Spina bifida	offenliegendes Rückenmark (bei der Geburt), führt i.d.R. zur Querschnittslähmung von dieser Stelle abwärts
Ulcus (Mz.: Ulcera)	Geschwür(e)
Uricult	Methode zur Untersuchung des Urins auf Bakterien
Zystogramm	Röntgenaufnahme der Blase mit Kontrastmittel

Bericht aus der Arbeitsgruppe I "Wohnen und Versorgung"

Ausgangslage der Diskussion war die zentrale Feststellung, daß körperbehinderte Menschen (soweit sie nicht in Heimen oder ähnlichen Langzeiteinrichtungen wohnen), die für nichtbehinderte Mitmenschen selbstverständliche Wohn- und Lebensqualität nur unter sehr erschwerten Bedingungen und stark eingeschränkt erreichen. So wird die Lebensituation körperbehinderter Menschen grundsätzlich als labil, ungesichert und ohne Zukunftsperspektive beschrieben. Betroffene erleben eine "sozialpolitisch erzeugte Kumulation von Hindernissen" und müssen, wollen sie sich in diesem Erlebensumfeld überhaupt behaupten, zu "Kleinunternehmer ihrer selbst" werden. Außerdem ist im Wohnungsangebot - und dies ist es ja, was uns hier in erster Linie interessiert - eine riesige Lücke zu konstatieren.

Bieten sich, neben Heimunterbringung (die von Körperbehinderten grundsätzlich immer noch als die schlechteste Art zu leben empfunden wird) Alternativen der unterschiedlichsten Art (z.B. betreute Wohnungen, Wohngemeinschaften, Service-Häuser oder an Heime angegliederte Außenwohngruppen) an, so zeigen die eng mit dieser Situation korrespondierenden Versorgungssysteme Lücken auf. Zumindest in unserer Region - Rheinhessen / Nahe / Hunsrück - sind anderweitig längst vorhandene Betreuungssysteme, wie z.B. ISB, ambulante Pflegedienste oder Unterstützungen durch Sozialstationen, absolute Mangelware bzw. (wie im Falle von Sozialstationen) für Körperbehinderte nicht verfügbar. Auch im Bereich vorhandener Fahr- und Transportdienste müssen betroffene Menschen erhebliche Unannehmlichkeiten in Kauf nehmen. So sind öffentliche Verkehrsmittel meist auf die Belange körperbehinderter Menschen kaum eingerichtet oder weisen Sonderfahrdienste für die Nutzung ihre jeweils spezifischen Probleme auf.

Auf Basis dieser Ausgangsfragestellung wurde folgende, für die zukünftige konzeptionelle und sozialpolitische Planung grundlegende Arbeitsthese formuliert: Behinderte Menschen, insbesondere langjährige Bewohner von Einrichtungen (wie der Diakonie-Anstalten Bad Kreuznach) haben den starken Wunsch nach Lebensformen, die ihnen größere Autonomie garantieren und die dafür notwendige Versorgungs- und Betreuungsstruktur aufweisen. Unter Autonomie soll hier verstanden werden, daß behinderte Menschen, trotz der über die Behinderung vorhandenen vielschichtig eingeschränkten Lebens- und Erlebenswelt und der beeinträchtigten Lebenschancen, in der Lage sein sollten, die Gestaltung und Entwicklung ihres Lebens selbst zu organisieren und dies sowohl in personaler, sozialer und kultureller Hinsicht.

Eine Minimalforderung in diesem Zusammenhang lautet: es ist ein Erfordernis der aktuellen Situation und eines neu überdachten Verständnisses von Integration und

Rehabilitation, daß große Einrichtungen (oder noch zu schaffende Trägerverbände) über das Bestehende hinaus, autonome Wohnformen schaffen! Entsprechende inhaltlich-konzeptionelle Überlegungen sind allerdings noch zu leisten.

Da diese und ähnliche Vorhaben meist an ungeklärten Finanzierungsaspekten scheitern, sind hier neue Wege zu suchen bzw. Wege zu vereinfachen. Denkbar wären u.a. Misch-Finanzierungen, die es ermöglichen, diverse Formen individuellen Wohnens oder individuellen Wohnens in Gemeinschaft gleichwertig parallel anzubieten.

Da es momentan fast keine Wohnmöglichkeiten zwischen Familie und Heim - zumindest in unserer Region - gibt, haben oben formulierte Vorhaben natürlich immer etwas von einem "Sprung ins kalte Wasser" an sich. Immerhin aber ist es möglich und bietet sich uns heute bereits die Chance, die Ergebnisse anderer Regionen und deren Einrichtungen, beratend heranzuziehen. Viel schwieriger gestaltet sich wohl das Unternehmen, bei all denen, die bei solchen Entscheidungsprozessen maßgeblich beteiligt sind, ein entsprechend sensibles Bewußtseinsniveau anzustreben.

Möglichkeiten - speziell auch unter dem Gesichtspunkt geplanter Regionalisierung (wobei hier Regionalisierung nicht einseitig als Bereitschaft einer großen Trägereinrichtung, Auffangbecken für alle behinderten Menschen einer Region zu sein, verstanden werden soll) - bieten sich hier in der Versorgung einer bestimmten Region mit dem Aufbau ambulanter Hilfseinrichtungen, die das Wohnen in eigner Wohnung oder aber wohnortnahe Unterbringung Betroffener nicht als Zukunftsmusik erscheinen lassen. In der Region Rheinhessen / Nahe / Hunsrück könnte dies z.B. eine Einrichtung wie die Diakonie-Anstalten Bad Kreuznach in Verbindung mit der finanziellen oder gar organisatorischen Unterstützung bzw. Zusammenarbeit mit dem örtlichen Sozialhilfeträger sein. Dies würde bedeuten, daß eine zweiseitige Orientierung der Diakonie-Anstalten, ihre Rehabilitationsarbeit betreffend, durchaus denkbar wäre: neben der Existenz von Langzeit-Heimplätzen für Schwerst- und Mehrfachbehinderte könnten autonome, wohnortnahe Lebens- und Wohnformen unter gleicher Trägerschaft angeboten werden.

Gehen wir davon aus, daß bei den meisten körperbehinderten Menschen, auch bei denen, die sehr wohl ihr Leben sehr gut selbst organisieren und gestalten können, immer gewisse Betreuungs- bzw. Hilfeleistungen erforderlich sein werden, eine Heimunterbringung allerdings nicht unabdingbares Erfordernis ist, bleibt zu fragen, welche Kriterien ambulante und wohnortnahe Unterbringung erfüllen sollte.

Hierbei war man sich grundsätzlich einig, daß ambulante Versorgung nicht auf eine bestimmte Lebens- oder Wohnform festgelegt ist. Die Existenz unterschiedlichster Behinderungsformen mit den unterschiedlichsten Beeinträchtigungsphänomenen in verschiedensten Lebensbereichen erfordert den Aufbau differenzierter Wohnsysteme (Einzelwohnung, Wohngemeinschaft u.a.) mit stundenweiser Betreuungsgarantie bzw. Betreuungsangeboten auf Abruf. Vorstellbar sind hierbei verschiedene Formen der Betreuung, die zum einen über professionelle oder semi-professionelle Helfer abgewickelt werden könnte, zum anderen aber auch durch ein System der Laienhilfe bzw. einem Hilfesplitting beider Systeme garantiert werden könnte. Wichtig vor allem ist die garantierte Sicherheit!

Konsens in der Arbeitsgruppe war auch, daß völliges Alleinwohnen in den seltensten Fällen gewünscht wird. Größere Bedeutung für betroffene Menschen hat die Tatsache, daß vorgenannte alternative Wohnformen nicht so sehr das Gefühl des Ausgeliefertseins, wie dies bei Wohnheimen der Fall ist, vermitteln und somit eine bedeutend größere aktive Lebensgestaltung erfahren wird.

Die Antwort auf die Frage, warum das Alleinwohnen in einer eigenen Wohnung weniger gewünscht wird, liegt in der Erfahrung derer begründet, die eine solche Wohnform selbst erleben durften und dabei nicht nur positive Erfahrungen machen mußten.

Schilderungen betroffener Personen stellen immer wieder als Kernproblem die permanente Suche nach der erforderlichen notwendigen Hilfe heraus. Diese Menschen müssen ständig, meist in ihrem Bekannten- und Freundeskreis, ihre Versorgung immer wieder neu aufbauen bzw. in Extremfällen ihre Betreuung von einem auf den anderen Tag mittels eines permanenten und streßbeladenen Organisationsprozesses regeln. Bei dieser quasi-privaten Form der Versorgung treten zudem häufig noch Probleme versicherungsrechtlicher Art auf, die natürlich bei professionell durchorganisierten Betreuungsformen nicht vorhanden sind. Diese Form der Hilfe, nennen wir sie "Nachbarschaftshilfe", überfordert meist sowohl den auf Hilfe angewiesenen Menschen, als auch den Helfenden, wenn eine größere Hilfe-Streuung nicht machbar ist. Und: behinderte Menschen haben erfahrungsgemäß nicht die größten Freundeskreise. Außerdem scheint es unbedingt erforderlich, daß ein bestimmtes Quantum an "professioneller" Hilfe garantiert sein sollte, z.B. auch in der angemessenen medizinisch-versorgerischer Erkenntnisfähigkeit und Intervention. Der betroffene körperbehinderte Mensch muß - soll ihm das selbstverständliche Recht auf die eigeninitiative Gestaltung seines Lebens nicht abspenstig gemacht werden - bei dem beschriebenen hohen Organisationsgrad seiner Lebensbewältigung unbedingt eine Unterstützung erfahren.

Die angeklungenen Wohnformen und die entsprechenden Betreuungsaspekte sollen noch einmal kurz zusammengefaßt werden:

- Wohngruppen mit pflegesatzabhängiger Betreuung,
- Wohngemeinschaften (ab drei Bewohner),
- Unterstützung durch Sozialarbeiter in Beratungsfunktion (entsprechende Zuschüsse durch überörtliche Träger und Landespflegegeld),
- Service-Häuser (mit finanzieller Unterstützung der örtlichen Träger),
- mögliche Zwischenformen (z.B. "beschützte" Wohnungen als Einstieg),
- daneben die wohnort- und familiennahe Versorgung über ambulante Dienste.

Um dies zu erreichen, gilt es aber zunächst die Frage zu klären, wer zur - insbesondere finanziellen und organisatorischen - Umsetzung dieser Vorhaben an einem "Tisch" zusammengeführt werden muß. Neben dieser zu schaffenden Verhandlungsbasis gilt es weiterhin, eine permanente Bedarfsermittlung durchzuführen, nicht zuletzt deshalb, um für obige Verhandlungspartner die erforderliche Planungsgrundlage zur Erstellung entsprechender Konzeptionen zur Verfügung zu stellen. Als mögliche Verhandlungspartner sind zu nennen: die örtlichen und überörtlichen Träger der Sozialhilfe, Juristen, Krankenkassen, Einrichtungen der Behindertenarbeit (mit entsprechenden inhaltlichen Konzepten), Sozialstationen und sonstige vorhandene, infragekommende Träger sowie nicht zuletzt die Betroffenen selber. Da nach aller Erfahrung selten eine Institution bereit ist, in einem solchen Handlungszusammenhang den ersten Schritt zu tun, sollten Betroffene, und hier sind sowohl die körperbehinderten Menschen selbst, als auch die Institutionen existenter Behindertenhilfe aufgrund ihrer umfänglichen Erfahrungen gefordert, den Anfang machen.

Zielformulierung einer solchermaßen beschriebenen Verhandlungsebene sollte dabei die Schaffung eines flächendeckenden Wohnangebotes für Menschen sein, die den Schritt ins Wohnheim für sich nicht, nicht mehr oder noch nicht für nötig erachten!

(Berichterstatter: Rainer Jung)

Bericht aus der Arbeitsgruppe II "Medizinisch-therapeutische Versorgungssysteme"

Zunächst eine grundlegende Zahl zu Beginn: die Zahl der sehr schwer Körperbehinderten in der Region, die wir als Standardversorgungsgebiet im Bereich Nahe-Hunsrück mit etwa 335 000 Einwohnern definiert haben, liegt bei etwa 2 300 Personen unter 65 Jahren. Das ist eine Zahl, die in dieser Größenordnung bisher in der Gesundheitsplanung und in der Planung medizinisch-therapeutischer Versorgungssysteme nicht zur Kenntnis genommen worden ist. Es handelt sich dabei um etwa 0,7 % der Bevölkerung; dabei sind die Alterskranken ausgeschlossen. Im Arbeitskreis war uns freilich klar, daß über medizinisch-therapeutische Versorgungssysteme sinnvoll nur unter Integration auch der älteren Menschen und auch älteren Behinderten gesprochen werden kann.

Bei diesen Körperbehinderten handelt es sich z.T. um solche mit angeborenen Behinderungen; z.T. aber auch um solche, die im Laufe ihres Lebens (etwa durch einen Unfall oder durch eine Krankheit) schwer- und schwerstbehindert geworden sind. Grundlegend für diese Personengruppe ist die Pflege, nicht nur im Sinne der Befriedigung elementarer menschlicher Bedürfnissen, sondern auch in medizinischem Sinne.

Bereits die Grundpflege hat wesentliche Funktionen für die Erhaltung körperlicher Gesundheit. Diese Pflege überfordert Angehörige allein, die diese zu einem großen Teil übernehmen. Aus den Erfahrungen psycho-sozialer Beratungsstellen wird deutlich, wie sehr die Beziehungen zwischen Ehepartnern gestört und massiv beeinträchtigt werden können, wenn der Partner die Grundpflege jederzeit am Tag übernehmen muß. Es ist deshalb so, daß die Entlastung durch professionelle Helfer auch für den im Familienverbund verbleibenden Schwerbehinderten unbedingt erforderlich ist.

Sozialstationen leisten dies nicht ausreichend: es steht zu wenig Zeit zur Verfügung, sie können nicht oft genug kommen und vor allen Dingen nicht zur richtigen Zeit. Bitte bedenken Sie, daß für einen Schwerbehinderten etwa mit einer Cerebralparese, einer Spastik, ohne weiteres allein für die Grundpflege mehrere Stunden am Tag benötigt werden, ohne daß irgendetwas Spezielles gemacht wird. Die Pflege muß in ihrer Art und Qualität wiederum auch der Behinderung entsprechen, d.h. sie muß auch immer Fördergesichtspunkte, Entwicklungsmöglichkeiten einschließen, das bedeutet "aktivierende Pflege". Es ist dringlich, daß auch die jetzt vorhandenen professionellen Helfer durch Fortbildung kompetenter gemacht und auch die, die als Laien die Haushilfen übernehmen, fortgebildet werden.

Dem Behinderten müssen ausreichende finanzielle Mittel ohne hohen bürokratischen Aufwand zur Verfügung gestellt werden, damit er sich kontinuierlich seine Pflege organisieren kann; das ist eine Forderung, die wir aus medizinischer Sicht gleichermaßen erheben müssen, wie aus der Sicht des Betroffenen, der Angst hat, irgendwann einmal allein dazustehen.

Zum Thema ärztliche Versorgung:

Es bestand Einigkeit unter den anwesenden Kollegen, aber auch mit den Vertretern der Kassenärztlichen Vereinigung, daß die Versorgung dieser einerseits kleinen, andererseits doch recht großen Gruppe Körperbehinderter sehr spezieller Kenntnisse bedarf, die in der Regel innerhalb der niedergelassenen Kassenärzteschaft nicht in ausreichendem Maße zur Verfügung stehen.

Als Konsequenz hat sich ergeben, daß eine besondere rehabilitationsmedizinische Betreuung oder zumindest Beratung der Kassenärzteschaft notwendig ist, die folgende Schwerpunkte haben sollte: die Einleitung und Koordination verschiedener Maßnahmen, zunächst am Anfang die Entwicklung eines Rehabilitationsplanes oder Rehabilitationsgesamtplanes, den wir fast durchgehend, auch das war Konsens, vermissen müssen. Obwohl unser Rehabilitationssystem, das gegliederte System und die rechtliche Strukturierung desselben, auf der Existenz eines Rehabilitationsgesamtplanes aufbaut, mußten wir immer wieder feststellen, daß nur einzelne Teile vorhanden waren, ohne das Gesamt einer solchen Rehabilitation vor Augen zu haben.

Aufgabe eines rehabilitationsmedizinischen Dienstes oder einer möglichen Beratung eines Rehabilitationsmediziners könnte die Mitwirkung an einem solchen Rehabilitationsplan sein. Dazu gehört auch eine koordinierte und adäquate Hilfsmittelversorgung, die Teamarbeit innerhalb eines Rehabilitationsteams einschließt. Die Therapie der einzelnen zugrundeliegenden Erkrankungen, beispielsweise bei Schlaganfallkranken oder bei Hochdruck etc., diese Therapie bleibt natürlich innerhalb der bestehenden Kassenärzteschaft verankert. Die Möglichkeit einer Beratung durch einen Rehabilitationsarzt wurde also ausgesprochen gewünscht, und es war die Anfrage an die Diakonie, inwieweit wir dies hier in der "Rehabilitationseinrichtung für Körperbehinderte BETHESDA" bereit stellen könnten.

Besonders wichtig erschien uns die Fortbildung der Ärzteschaft im Hinblick auf die speziellen Belange von Behinderten. Auch hier klaffen einfach große Informationslücken, und es wäre auch eine Anfrage an uns, inwieweit wir zur Verbesserung des Wissens beitragen können.

Zur rehabilitationsmedizinischen Seite noch: es geht nicht nur um das Problem Versorgung, sondern es geht auch darum, auch Kostenträger zu beraten, d.h. auch etwa die Träger der Sozialhilfe oder etwa die Krankenkassen. Auch diese müßten eigentlich ein Interesse haben, wenn sie schon viel Geld ausgeben, daß es auch sinnvoll angewandt wird und zu den Ergebnissen führt, die "Rehabilitation" wirklich bedeuten. Zwei kleine Nebenaspekte noch: behindertengerechte Praxiseinrichtung ist immer noch nicht selbstverständlich, und Hausbesuche vor allem von Fach- und Gebietsärzten gleichfalls noch nicht.

Versorgung mit krankengymnastischen Leistungen:

Diese Seite ist unbefriedigend: es gibt insgesamt zu wenig Therapeuten, die speziell ausgebildet sind für die Therapie Körperbehinderter. Es gibt zu wenig Kurse und Weiterbildungsmöglichkeiten für Krankengymnastik in Rheinland-Pfalz. Es gibt lediglich eine Stelle hier, die Bobarth-Kurse anbietet, eine grundlegende neuro-physiologische Behandlungsmethode, die benötigt wird. Es werden zu wenig oder gar keine Hausbesuche gemacht; das hängt auch damit zusammen, daß die Finanzierung der Behandlung, der krankengymnastischen Behandlung Körperbehinderter nicht gesichert ist. In einer Behandlungseinheit von 20 Minuten oder 30 Minuten, - das wäre schon eine neuro-physiologische Behandlung - ist eine adäquate Behandlung des Schwerbehinderten nicht möglich. Allein schon durch Anziehen und Lagern ist die Zeit vorbei. Besonders wurde daraufhingewiesen, daß spezielle Gang- und Prothesenschulung in diesem Versorgungsgebiet nicht angeboten werden kann. Vielen Krankengymnasten fehlt eine spezifische oder spezielle Erfahrung mit Körperbehinderten.

Es wird deshalb angeregt, daß erfahrene Kräfte aus Rehabilitationseinrichtungen sich an der ambulanten Versorgung und Betreuung beteiligen können, z.B. in der Beratung. Es geht nicht darum, daß sie ununterbrochen diese Therapien selbst übernehmen. Das gleiche gilt für die Beschäftigungstherapie; innerhalb von Bad Kreuznach und dieses Standardeinzugsgebietes gibt es nur wenige Beschäftigungstherapeuten, hier in Bad Kreuznach gibt es zur Zeit noch keine, demnächst eine. Ergotherapie wird als unverzichtbar in der Rehabilitation Körperbehinderter angesehen. Besondere Schwerpunkte sind hier Selbsthilfetraining, funktionelles Training und Hilfsmittelberatung. Es bedarf auch hier der Beteiligung von spezialisierten Einrichtungen an dem Angebot an Beschäftigungstherapie; auch dieses wäre wie im Rahmen der Krankengymnasten durch entsprechende Verträge abzusichern. Auch für die Krankengymnasten und Beschäftigungstherapeuten gilt, daß ein dringendes Fortbildungsbedürfnis besteht.

Zum Thema Hilfsmittelversorgung:

Größere Hilfsmittel sollten in der Regel durch einen Gebietsarzt nach vorheriger fachgerechter Erprobung verordnet werden, ggfs. wenn es besonders kompliziert ist, eben vom rehabilitationsmedizinischen Spezialisten. Dies war ein Vorschlag, eine Möglichkeit der Lösung der vielfältigen Probleme, die uns die leitende Vertrauensärztin darstellen konnte. Die Prüfung der Hilfsmittelverordnung durch die medizinische Dienste sollte vor allem das Verfahren umfassen, kann aber grundsätzlich nicht die inhaltlichen und therapeutischen Entscheidungen des behandelnden Arztes ersetzen.

Die Hilfsmittelversorgung sollte grundsätzlich wohnortnah erfolgen, d.h. das Sanitätshaus, der Rehabilitationsmittelfachmann, der Hilfsmittelfachmann sollte in der Nähe sein, er sollte reparieren können, es sollte keine überregionale Firma sein, die ein Hilfsmittel hinstellt. Nachher ist keiner da, der sich darum kümmert. Auch die Hilfsmittelversorgung sollte eingebettet sein in einen Gesamtplan. Wir haben noch nicht abschließend diskutiert, welche Möglichkeiten sich durch einen Hilfsmittelpass ergeben könnten. Beklagt wird allgemein die ganz erhebliche Verzögerung in der Hilfsmittelbewilligung, das führt zu harten Situationen des Körperbehinderten, der oft monatelang ohne sein Hilfsmittel auskommen muß.

Die Betreuung Schwerst-Mehrfachbehinderter muß in einem Team erfolgen, dazu gehört auch unverzichtbar die Berücksichtigung psycho-sozialer Aspekte: diese sind aus der medizinisch-therapeutischen Versorgung nicht hinaus zu dividieren. Dazu gehört psychologische Beratung, soziale Beratung, die Möglichkeit sich professionell angeleitet auszusprechen. Wenn wir aber zu dem Teamgedanken zurück kommen, bedeutet das, daß neben den traditionellen medizinischen Diensten die psycho-sozialen Dienste immer integriert sein müssen. Das Rehabilitationsteam sollte auch mobil sein. Es ist nicht möglich, selbst in einem überregionalen Versorgungsgebiet, daß jeder tatsächlich nach Bad Kreuznach kommen kann, sondern es ist auch notwendig, über interdisziplinär gehaltene Sprechstunden in einzelnen Orten nachzudenken. Die Möglichkeit der Hausbesuche von Teams zur Erstellung von Rehabilitationsplänen sollten überprüft werden. Auch die Kostenträger sollten die Möglichkeit haben, die Dienste eines solchen Teams in Anspruch zu nehmen.

Viele Schwerkörperbehinderten, z.B. die einen Schlaganfall erlitten haben, die einen akuten Krankheitszustand haben nach einer chronischen Polyarthritis oder nach Operationen etc. weisen Perioden erhöhter Pflege und Betreuung und Therapie-Notwendigkeit auf, ohne daß sie deshalb schon auf Dauer in einem Krankenhaus liegen müssen, ohne daß sie deshalb auf Dauer in ein Heim müssen; vielmehr geht es immer noch um die Erreichung eines möglichst hohen funktionellen Zugewinnes, um nachher möglichst selbständig leben zu können. Hierzu erscheint eine Tagesklinik erforderlich, in dem Sinne, daß es eine teilstationäre Versorgungsmöglichkeit, periodisch zeitlich begrenzt für Körperbehinderte gibt, insbesondere solche, die aus den stationären Behandlungen entlassen werden und die jetzt z.T. in ein therapeutisches Loch fallen. Schwerpunkte dieser Tageskliniken können und sollten sein: einerseits die Betreuung der Schwerkörper- und Mehrfachbehinderten, zum anderen geriatrische Patienten.

Uns scheint das Zusammenwirken verschiedener Kostenträger innerhalb einer Region von entscheidender Bedeutung zu sein. Hier sind vielfältige Absprachen denkbar und möglich, um Probleme, die auftreten, zu lösen. Die wohnortnahe Versorgung, die Regionalisierung ist nur durch eine verbesserte Infra-Struktur auch im medizinisch--therapeutischen Bereich möglich. Auch wird die Zahl derjenigen, die nicht mehr im familiären Kontext versorgt werden können, aufgrund der demographischen Entwicklung mit Sicherheit nicht abnehmen; und die Aufgaben für uns werden größer, als sie bisher eingeschätzt wurden und als sie bereits jetzt schon sind.

(Berichterstatter: Matthias Schmidt-Ohlemann)

Bericht aus der Arbeitsgruppe III "Arbeit und Beruf"

Zunächst war es positiv zu vermerken, daß in dieser Arbeitsgruppe eine gute Mischung an Betroffenen, Fachleuten aus Werkstätten, verantwortlichen Mitarbeiter der Arbeitsverwaltung, vom überörtlichen Kostenträger und sonstigen Behörden zusammen kamen; so daß unsere Ergebnisse - so hoffen wir - von allen Teilnehmern auch mitgetragen werden.

Zum Eingang der Diskussion waren einige grundsätzliche Feststellungen vorangeschickt worden:

- "Arbeit" als fester Bestandteil des Lebens behinderter Menschen in unserer Gesellschaft kann nicht infrage gestellt werden.
- Es ist die Aufgabe der Gesellschaft, Arbeitsplätze so zu gestalten, daß behinderte Menschen sie einnehmen können. Der umgekehrte Weg: behinderte Menschen in das, was wir heute haben, unbedingt einzupassen, kann nicht Ziel einer "Normalisierung" sein.
- Behinderte können durch ihre Motivation am Arbeitsplatz auch Impulse für Nichtbehinderte geben.
- Der Wert unseres Sozialstaates ist an seinen Leistungen für Schwache zu messen (die Verpflichtung, Arbeitsplätze für Behinderte zu schaffen, ist unbestreitbar).
- Wir sollten mit den unterschiedlichsten Begrifflichkeiten (Schwer-, Schwerst- und Nichtbehinderte) vorsichtig sein. Dadurch grenzen wir allzu leicht Menschen aus der Gesellschaft aus.

Die Arbeitsgruppe gliederte sich ihre anschließenden Aufgaben in vier Themenbereiche:

1. Der Weg in die Werkstatt für Schwerst- und Mehrfachbehinderte;
2. Arbeitsplatz "WfB" unter dem Gesichtspunkt "Dauerarbeitsplatz" bzw. "Vorbereitung für eine spätere Vermittlung;
3. arbeitslose Behinderte zwischen Werkstatt und Arbeitsplatz in freier Wirtschaft, eine Grauzone;
4. Einsatz neuer Technologien am Arbeitsplatz für Behinderte.

1.

Die Werkstatt-Verordnung hat in ihrem jetzigen Text ausreichend Spielraum für die Einrichtung angepasster Arbeits- und Beschäftigungsplätzen für alle Behinderungsformen. Durch die Berufsberatung und den Fachausschuß der WfB wird auch versucht, diesen Spielraum großzügig zu interpretieren.

Trotzdem stoßen die Werkstätten an Grenzen, wenn es um die Betreuung Schwerst- und Mehrfachbehinderter geht. In der Regel ist der Personalschlüssel zu knapp bemessen. Dies wird vor allem bei der Betreuung körperlich Behinderter deutlich, die einen hohen Pflege- und Hilfebedarf haben.

Während in anderen Bundesländern zur Betreuung dieser Menschen die Werkstätten angepaßt wurden (zusätzliches Personal, bessere Raumbedingungen etc.), hat sich Rheinland-Pfalz entschlossen, neben den Werkstätten sog. "Tagesförderstätten" einzurichten. Die Erfahrung mit solchen Abgrenzungen wurde jedoch in anderen Bundesländern als belastend und aussondernd empfunden; so ist z.B. Hamburg von diesem Konzept abgekehrt und schafft die Tagesförderstätten wieder ab.

Die Arbeitsgruppe folgerte aus dieser Diskussion:

1.1 Statt der Schaffung neuer Betreuungsstätten - neben der WfB - sollten die Werkstätten so gestaltet und ausgestattet werden, daß sie auch Schwer- und Mehrfachbehinderte beschäftigen können.

1.2 Gemäß dem Vorschlag des Werkstättenausschusses des Diakonischen Werkes gehört die Beschäftigung Schwer- und Mehrfachbehinderter unter das verlängerte Dach der WfB. Dieser Position schlossen wir uns an.

1.3 Die Tagesförderstätte ist zudem keine Lösung für körperlich behinderte Menschen, die leistungsfähig sind, aber Rücksichtnahme auf ihre körperlichen Einschränkungen brauchen. Für diese Personen ist auch die herkömmliche WfB nicht geeignet.

2.

Der Arbeitsplatz "WfB" hat heute seinen festen Standort. Allerdings sind auch nachteilige Entwicklungen zu beobachten:

2.1 Das Entlohnungsgefüge für die behinderte Mitarbeiter ist denkbar schlecht, der Leistungsstarke muß den Leistungsschwachen finanziell mittragen. Dieses Problem wird z. Z. bundesweit diskutiert. Auch unsere Arbeitsgruppe hält den Vorschlag, einen vom Kostenträger gezahlten Mindestlohn zu garantieren, für sinnvoll.

2.2 Die Werkstätten haben mittlerweilen einen so hohen Schutzcharakter entwickelt, daß dies bei Vermittlungsversuchen für leistungsstarke behinderte Mitarbeiter nachteilig sein kann. Die Vergleichbarkeit mit den Arbeitsbedingungen der freien Wirtschaft fehlt, und es wurde die Forderung aufgestellt, daß diejenigen Behinderten, die einen Arbeitsplatz auf dem freien Arbeitsmarkt einnehmen könnten, auch unter gleichen Bedingungen in der Werkstatt arbeiten sollen.

3 Ausgelagerte Arbeitsplätze - in der Industrie oder bei öffentlichen Arbeitgebern - werden positiv erlebt. Allerdings ist es ein Mißverhältnis, daß auch dort die Entlohnung nach den WfB-Richtlinien erfolgen muß.

2.4 Die Bereitschaft der Industrie, Behinderte zu beschäftigen, wird durch verschiedene Faktoren negativ beeinflußt:

- Arbeitgeber sind durch die Verpflichtung zu Tariflöhnen gezwungen, hohe Leistungen zu verlangen,
- Arbeitgeber scheuen manchmal auch den Kündigungsschutz, der eigentlich als Nachteilsausgleich für den Behinderten geschaffen worden ist,
- für die Vorbereitung der Eingliederung Behinderter in das Arbeitsleben fehlt oft Personal (Beratung durch das Arbeitsamt, soziale Begleitung etc.),
- die Leistungsfähigkeit Behinderter und die technischen Möglichkeiten für die Ausstattung behindertengerechter Arbeitsplätze sind nicht ausreichend bekannt.

2.5 Die Vermittelbarkeit körperlich behinderter Menschen wird durch folgende Faktoren negativ beeinflußt:

- Es fehlen Sozialbetreuer bzw. Pflegehilfen, welche die Versorgung des Behinderten am Arbeitsplatz garantieren.
- Für einen Wohnheim-Bewohner verschlingen die selbst zu zahlenden Anteile am Pflegesatz den möglichen Verdienst.
- Die eingeschränkte Mobilität mindert die Flexibilität des Arbeitnehmers.

Die Arbeitsgruppe forderte hierzu:

2.5.1 Es müssen vermittlungsfördernde Grundlagen geschaffen werden; so läuft beispielsweise in Hamburg z.Z. ein Modell, das vorsieht, daß Arbeitgeber - wie die WfB - einen Pflegesatz bekommen, wenn sie bereit sind, Behinderte aufzunehmen. Damit können erforderliche Betreuungspersonen und die notwendige Arbeitsplatz-Umgestaltung bezahlt werden.

2.5.2 Alternativ hierzu wäre es möglichdurch Betreuungshelfer, die durch die Hauptfürsorgestelle aus der Ausgleichsabgabe finanziert werden, körperbehinderten Menschen die notwendigen Hilfen am Arbeitsplatz zu gewähren. Ähnliches gibt es ja schon bei der Unterstützung blinder Menschen durch den sog. "Lesehelfer" und beim psychosozialen Dienst in der Betreuung psychisch behinderter Menschen.

3.

Trotz der Möglichkeiten des AFG (ABM, Förderlehrgänge, Einarbeitungszuschüsse etc.) wächst die Gruppe der schwervermittelbaren Langzeit-Arbeitslosen. Behinderte und körperlich beeinträchtigte Menschen sind hier besonders stark betroffen. Außer den Hilfen nach BSHG und AFG gibt es für diese Menschen z.Z. keine alternativen, gesetzlich abgesicherten Verdienstmöglichkeiten. Es ist wohl auch nicht vorgesehen, in diese Richtung zu planen. Für die betroffenen Behinderten und Beeinträchtigten stellt sich deshalb oft die Frage: "gehe ich nicht besser in die WfB statt dauerhaft arbeitslos zu bleiben". Auch hier sind die Kostenträger mittlerweilen bereit, die Werkstatt-Verordnung großzügig zu interpretieren. Allerdings müssen die Ängste der Betroffenen "bin ich einmal in der WfB, so bin ich weg vom Arbeitsmarkt" ernst genommen werden.

4.

Eindeutige Übereinstimmung herrschte in der Arbeitsgruppe in der Bejahung des Einsatzes moderner Technik am Arbeitsplatz für körperbehinderte Menschen. Hierdurch eröffnen sich völlig neue Perspektiven für körperlich stark eingeschränkte Behinderte. Die - manchmal minimale - Bewegungsmöglichkeiten eines schwerer Körperbehinderten können durch diese technischen Hilfsmittel (Computer, Roboter, EDV etc.) entsprechend erweitert werden. Dadurch können höherwertige Tätigkeiten für solche Körperbehinderte in Frage kommen. Die WfB ist somit gezwungen, ihre Produktions- und Anlernbereiche dem Fortschritt der modernen Technik anzupassen. Wir sind dankbar, daß die Kostenträger hier ein eindeutiges "Ja" dazu gesagt haben. Die sich hier entfaltenden Möglichkeiten - auch für Unternehmen im freien Arbeitsmarkt - sollten genutzt werden; denn damit ist eine wesentliche Erweiterung der Arbeitsmöglichkeiten für körperlich Behinderte zu erwarten.

(Berichterstatter: Kurt Hoffmann-Rollauer)

AUSSCHNITTE AUS DER PODIUMSDISKUSSION, DIAKONIE-ANSTALTEN, 12.04.1989

Teilnehmer:

Dietrich Anders, Vorsitzender der BAG "Werkstätten für Behinderte", Hamburg

Rolf Ebbeke, Bürgermeister und Sozialdezernent, Bad Kreuznach

Prof. Dr. Marianne Fritsch, Lehrbeauftragte an der Universität Hamburg, frühere Leiterin des Senator-Neumann-Heimes, Hamburg

Dr. Maria Herr-Beck, Staatssekretärin im Ministerium für Soziales und Familie, Mainz

Hans Herrmann, Rollstuhlfahrer, Bad Kreuznach

Horst Hohendorf, Vorsitzender des Vereins zur Förderung körperbehinderter Menschen, Bad Kreuznach

Fritz-Rudolf Körper, Mitglied des Landtages Rheinland-Pfalz, SPD, Mainz

Herbert Marx, Rollstuhlfahrer und Mitarbeiter der Diakonie-Anstalten, Bad Kreuznach

Walter H. Rippel, Verwaltungsdirektor und Vorstandsprecher der Diakonie-Anstalten, Bad Kreuznach

Heike Wilms-Kegel, MdB, Vorsitzende des Bundestags-Ausschusses für Gesundheitspolitik, Die Grünen, Bonn

Moderation:

Pastor Rudolf Lotze, Vorsitzender des Verbandes Ev. Einrichtungen für die Rehabilitation Behinderter, früherer Leiter der Orthopädischen Anstalten Volmarstein

Lotze:

Ich beginne mit einer Frage an Frau Dr. Herr-Beck: "Welche Ursachen gibt es für den unterschiedlichen Entwicklungsstand der verschiedenen Wohnformen für Behinderte?"

Herr-Beck:

Das Problem unterschiedlicher Wohnformen für Behinderte ist durch die historische Entwicklung und durch das Voranschreiten des Erkenntnisstandes bedingt. Die ursprüngliche Form war die große Anstalt, wo man die Behinderten rund um die Uhr total versorgt hat, was für die Schwerstbehinderten, die anders gar nicht leben konnten, zweifellos Vorteile hatte, aber Nachteile für diejenigen, die rehabilitationsfähig gewesen wären und durch Überbetreuung jede Selbständigkeit verloren haben. Die teilstationären Einrichtungen sind mit Sicherheit schon ein Fortschritt auf dem Weg zur Rehabilitation. Am neuesten sind wohl die Formen des betreuten und selbständigen Wohnens, auch das Wohnen in Wohngruppen. Wir haben neuerdings selbständige Wohnungen, deren Bewohner nur eine lose ambulante Betreuung benötigen; und ich glaube, wir müssen auf diesem Gebiet noch weiter vorankommen. Wir werden dies auch in Ihrer Region tun; wir haben in Rheinland-Pfalz solche Einrichtungen bzw. Wohnformen, und es ist von Interesse zu hören, wie sie sich bewährt haben und wie sie noch verbessert werden können.

Marx:

Wir haben gestern festgestellt, daß es beim Wohnen von Behinderten die beiden Extreme gibt: Entweder der Behinderte wohnt im Heim mit Vollbetreuung oder er wohnt für sich, in einer eigenen Wohnung und muß sich um seine Betreuung und Versorgung selbst kümmern. Wir haben festgestellt, daß insbesondere hier bei uns in Bad Kreuznach, in unserer Region, ein Behinderter, der aus dem Anstaltsbereich hinaus will, der sich eine Wohnung in der Stadt sucht, ausgesprochen große Schwierigkeiten hat, die Hilfen, die er braucht, auch zu finden. Wir sind bei der Besprechung dieses Problems darauf gestoßen, daß die Trennung zwischen dem örtlichen Sozialhilfeträger und dem überörtlichen Sozialhilfeträger eine entscheidende Rolle spielt. Solange ich als Behinderter in einem Heim, wie hier in den Diakonie-Anstalten, wohne, ist für mich der überörtliche Sozialhilfeträger zuständig; wenn ich aber das Heim verlassen will, geht die Zuständigkeit auf den örtlichen Sozialhilfeträger über. Es ist ganz verständlich, daß der örtliche Sozialhilfeträger aus diesem Grund kein großes Interesse daran hat, daß ich das Heim verlasse; denn die Kosten kommen ja dann auf ihn zu. Wir haben gestern von Betroffenen auch erfahren, daß sie beim örtlichen Sozialhilfeträger auf sehr große Schwierigkeiten gestoßen sind, Schwierigkeiten bürokratischer Art. Man verweigert Behinderten die ihnen zustehenden Hilfen mit Ausreden oder Ausflüchten, die den Behinderten nicht einsichtig sind; man läßt sie einfach hängen.

Herrmann:

Das kann ich aus der Sicht des Betroffenen bestätigen: Ich habe zwei Pflegepersonen, die eine kommt morgens, die andere kommt abends. Die soll ich alle beide von den 750,- DM des Landespflegegeldes bezahlen; Sie können sich nicht vorstellen, was das für eine finanzielle Belastung ist, diese paar Groschen auch gerecht zu verteilen. Und dann, das ist die allergrößte Frechheit, soll man noch die Hälfte des Landespflegegeldes für sich selbst übrig haben (laut BSHG); das soll mir einmal einer vormachen, zwei Pflegekräfte zu bezahlen und dann noch die Hälfte des Geldes für sich zu behalten! Die Pflegekräfte suchen wir, meine Frau und ich, über Zeitungsannoncen. Von ca. 25, die sich melden, bleibt manchmal niemand mehr übrig, weil die Leute einfach mehr fordern, als ich bezahlen kann; denn von dem Landespflegegeld kann ich keine 10 oder 12 DM pro Stunde bezahlen, das kommt einfach nicht dabei heraus. Endergebnis ist: Die Pflegekräfte springen ab und kommen gar nicht mehr. Das ist in meinem Bekanntenkreis ebenfalls gang und gäbe, und es wäre doch mal ganz interessant von politischer Seite hierzu was zu hören!

Hohendorf:

Wie sieht es denn aus mit der Versorgung der körperbehinderten Menschen mit Wohnungen hier in Bad Kreuznach: dies ist, ich will nicht sagen eine Katastrophe, aber es ist eben sehr, sehr schlecht. Ich habe Behinderte vertreten, die haben acht Jahre lang eine Wohnung gesucht, nie war eine zu haben. Ich möchte erinnern an das Fünf-Jahres-Programm der Stadt, mit dem die Lebenssituation von Körperbehinderten und alten Menschen verbessert werden soll; jetzt sind zwei oder drei Jahre vorbei und als Ergebnis ist herausgekommen, daß ein paar Bürgersteige abgeflacht wurden und ein Stadtführer erschienen ist. Demgegenüber beklagen sich Behinderte bei mir, daß die sog. Behinderten-Wohnungen z.T. eben nicht behindertengerecht sind. Herrn Herrmann gebe ich vollkommen recht, die Hilfe im Haushalt und zur Pflege ist gleich null. Ich kenne dagegen Modelle aus anderen Städten, da werden die Hilfsdienste großzügig finanziert. Wir vom "Verein zur Förderung Körperbehinderter" planen seit zwei Jahren die Einführung eines mobilen Hilfsdienstes zur Unterstützung eigenständig lebender Körperbehinderter. Unser Ziel ist es, die Betroffenen solange wie möglich in ihrer häuslichen Umgebung leben zu lassen und die Notwendigkeit einer Heimunterbringung heraus zu schieben oder ihr ganz aus dem Wege zu gehen. Seit diesen zwei Jahren liegt ein Antrag von uns bei Stadt und Landkreis vor, um die Finanzierung des mobilen Hilfsdienstes zu ermöglichen: Eine offizielle Antwort habe ich bis heute noch nicht; informell hieß es, "fangt doch erst einmal an, dann sehen wir, was dabei heraus kommt". Das ist aber nicht sinnvoll; wir haben bei den Betroffenen eine Umfrage gemacht, der Bedarf nach einem solchen Hilfsdienst ist vorhanden, aber er kostet Geld und der Verein ist nicht in der Lage, ihn vorzufinanzieren. Gefordert sind die Politiker in Stadt und Land; sie sollen sich über die Finanzierung der sozialen Hilfsdienste einmal Gedanken machen und diese auch großzügig unterstützen.

Ebbeke:

Wir haben in Bad Kreuznach ein sehr gutes Angebot an sozialen und mobilen Diensten, die vor allem durch karitative Träger abgedeckt werden. Stadt- und Landkreis unterstützen durch Betriebskostenzuschüsse diese dringend notwendige Aufgabenerfüllung. Dies gilt vor allem für die mobilen Essensdienste, die ein wichtiger Bestandteil der häuslichen Hilfe sind. Zum Thema "behindertengerechtes Wohnen" kann ich aus der Sicht der Stadt feststellen, daß hier der Bedarf offensichtlich z.Zt. wohl durch das entsprechende Angebot der städtischen Wohnungsbaugesellschaft abgedeckt werden kann. Mir wurde heute morgen nochmals aufgrund einer Nachfrage bei der Gewobau bestätigt, daß z.Zt. keine Nachfrage und damit kein Bedarf im Hinblick auf den zusätzlichen Bau von körperbehindertengerechte Wohnungen angemeldet wurde. Wir sind bemüht, bei unseren weiteren Wohnungsbauaktivitäten insoweit einem evtl. geänderten Bedarf Rechnung zu tragen.

Beitrag aus dem Publikum:

Es ist wenig durchdacht, wenn die Zahl der Nachfragen bei der städtischen Wohnungsbaugesellschaft gleichgesetzt wird mit den Bedarfszahlen von Behinderten, die autonom leben wollen. Gerade aus der praktischen Erfahrung wissen wir ja, daß sich viele Betroffene überhaupt nicht mehr bei der Wohnungsbaugesellschaft melden, weil eben die ambulante Versorgung nicht gewährleistet ist; zumindest nicht als professionelle Versorgung. Es hilft auch nicht viel, wenn man darauf spekuliert, Hilfsdienste mit Zivildienstleistenden zu besetzen; man kann mobile Hilfsdienste nicht ausschließlich auf Zivildienstleistende aufbauen, dies ist einfach für Betroffene keine gesicherte Versorgung. Wenn man hier in Richtung ambulante Dienste weiter denken will, muß man über professionelle Hilfe nachdenken.

Körper:

Es ist ein unguter Zustand, daß es hier in unserem Landkreis Bad Kreuznach keine Wohnmöglichkeiten gibt zwischen Familie oder Heim. Da kommen wir an das entscheidende Problem: die Kosten. Kosten entstehen, ob jemand im Heim lebt, oder ob er in einer Wohngemeinschaft lebt, oder in einer anderen Wohnform; der entscheidende Punkt ist, daß wir hier andere Kostenträger haben. Jeder der bezahlen muß, versucht natürlich, einen anderen Kostenträger zu finden; das ist auch die Schwierigkeit. Wenn wir es nämlich von der Gesamtfinanzierung her sehen, ändert sich kaum etwas, in welcher Wohnform der Behinderte auch lebt. Im Beispiel von Herrn Herrmann ist ganz deutlich geworden, daß das ein Punkt ist, wo wir in der Politik in der Tat überlegen müssen, daß das nicht so angeht, daß der Betroffene noch die Hälfte seiner Sozialhilfe, die ihm zur Verfügung steht, für Betreuungskräfte ausgeben muß.

Wilms-Kegel:

Wenn ich mit Menschen gesprochen habe, die es trotz einer schweren Körperbehinderung geschafft haben, ihr Leben selbständig zu organisieren und es sogar geschafft haben, eine 24-Stunden-Betreuung zu organisieren, dann war ich immer voll Bewunderung für die Energie, die sie dafür aufgebracht haben. Ich kann mir nämlich schon vorstellen, daß viele Menschen auf dem Weg dahin verzweifeln und dann irgendwann sagen: dann bleibe ich doch lieber im Heim, weil diese Streitereien mit den Bürokratien, dieser Papierkram und dieses ständige Beweisenmüssen, daß man tatsächlich Unterstützung braucht, das nervt und das macht natürlich auch eine ganze Menge kaputt. Es muß eine Verpflichtung der Gesellschaft sein, dafür zu sorgen, daß Behinderte, wenn sie es möchten, so selbständig leben können, wie sie es möchten. Da muß es viele Variationen geben, aber es muß auch die Möglichkeit geben, daß jemand wirklich ganz selbständig leben kann und daß die Gesellschaft die Voraussetzung dafür bereit stellt, auch wenn dies teuer ist. Ich stelle mir vor, daß die Behinderten die Geldsumme, die sie brauchen, auch selbst in die Hand bekommen, um sich dann die Betreuung, die sie brauchen, selbst einkaufen zu können. Das kann man ja staffeln je nach Betreuungsgrad.

Rippel:

Ich möchte betonen, daß die Diakonie-Anstalten, für die ich hier als Vertreter sitze, gegenüber solchen Bestrebungen nicht mauert: Gerade diese Tagung, die ja von uns initiiert wurde, soll andeuten, daß wir offen sind für ein Leben, wie der Behinderte es sich wünscht; dabei denken wir, daß es für alle Lebensformen Möglichkeiten aber auch Notwendigkeiten gibt. Alle, die selbständig wohnen wollen, sollen das auch tun; die Diakonie-Anstalten suchen Möglichkeiten und Wege, dies als regionalisiertes Angebot zu verwirklichen; z.B. von einem Zentrum aus zu versuchen, pflegerische, medizinische und therapeutische Dienste anzubieten, damit Behinderte wohnortnah versorgt werden können. Dann können sie auch in einer Wohngemeinschaft leben oder in ihrer eigenen Wohnung oder in einer Einrichtung wie der unseren, wenn sie das wollen; wobei auch die Wohnheimplätze dann so gestaltet werden sollten, daß es eine weitgehende Selbständigkeit gibt.

Marx:

Ich möchte noch einmal auf den Unterschied kommen, der besteht, wenn ein Behinderter im Heim wohnt oder wenn er draußen in der Stadt sich eine Wohnung sucht. Für einen Heimbewohner werden von der öffentlichen Hand vielleicht 5 000 oder 6 000 DM im Monat aufgebracht; wenn der betreffende Behinderte dann das Heim verläßt, steht er mit Null da. Wir haben ja in Rheinland-Pfalz das Landespflegegeld--Gesetz, das garantiert zumindest 750 DM. Aber trotzdem besteht eine riesige Diskrepanz zwischen dem, was die öffentliche Hand für einen behinderten Menschen im Heim aufwendet, und dem, was der Behinderte zu erwarten hat, wenn er sich eine eigene Wohnung besorgt hat. Hier müßten die Zuständigen sich mal überlegen, wie man das ändern könnte; warum auf der einen Seite der große Betrag und auf der anderen Seite der kleine. Wäre denn nicht eine Absprache zwischen dem örtlichen und dem überörtlichen Träger möglich, einer Art Mischfinanzierung für Behinderte, die selbständig wohnen wollen?

Fritsch:

Ich will das Hamburger Modell hier einmal kurz skizzieren: Wir haben 400 Wohnheimplätze mit Pflegekosten von 4 500 - 6 500 DM pro Monat. Sog. "betreutes Wohnen" gibt es für 270 Behinderte für etwa 4 000 DM pro Monat. In einigen betreuten Wohngruppen, in denen nur 6 besonders schwer Behinderte wohnen, die von einem Sozialpädagogen, dreieinhalb Erziehern und vier Zivildienstleistenden versorgt werden, kommen die Kosten auf 5 200 DM. Dazu erhält jeder Behinderte seine Sozialhilfe von 410 DM monatlich und sein Pflegegeld, das bis zu 810 DM betragen kann. Davon muss er allerdings 50 % für seine Pflegekosten einsetzen. Diese gesamten Restkosten werden vom örtlichen Sozialhilfeträger übernommen. Ich denke, dies ist gesetzlich vertretbar und nachahmenswert. Dieses Konzept hat sich jedenfalls in Hamburg bewährt.

Herr-Beck:

Ich habe einmal mit einer Stadtverwaltung um den Bau von Behinderten-Wohnungen gekämpft. Es wurde mir gesagt: Damit haben wir schlechte Erfahrungen gemacht, wir haben in Neubaugebieten von Wohnungsbaugesellschaften rollstuhlgerechte Wohnungen bauen lassen und die Betroffenen wollten die Wohnungen dann nicht, sie wollten mitten in der Stadt leben. Die Kommune hatte den Mehraufwand für die Wohnungen, und sie wurden nicht von Behinderten genutzt. Voraussetzung für das Leben in eigenen Wohnungen für Behinderte ist für die Zukunft der Ausbau von mobilen Diensten. Gelingt dies nicht, dann hat es auch wenig Sinn, die Leute zu animieren, in eigene Wohnungen zu ziehen. Hier ist eine große kommunale Aufgabe.

Wilms-Kegel:

Als Frau Herr-Beck ganz richtig sagte, daß nicht alle Körperbehinderten, die alleine leben, damit glücklich sein werden, und daß das sehr sorgfältig entschieden werden müßte mit den Betreuern, mit den Fachleuten, mit den Leuten, die das finanzieren und mit anderen Leuten, da fiel mir auf, daß in dieser Aufzählung einer fehlt: der Behinderte. Als ich mich entschlossen habe, selbständig zu leben, da hat keiner mitentschieden. Da mußte ich nicht irgendwelche Leute fragen und Anträge stellen oder ähnliches machen, mir ist es einfach gestattet worden auszuprobieren, ob es mir möglich ist, alleine zu leben, ob es mir möglich ist, mit einem Partner zu leben und wie ich mein Leben organisieren möchte. Ich glaube, daß wir in diesem Bereich wirklich etwas ändern müssen; wir machen etwas falsch, wenn wir so tun, als müßte für Körperbehinderte gedacht werden, als müßten für sie Entscheidungen getroffen werden, wir müßten mehr die Behinderten fragen, was sie möchten, anstatt Konzepte zu entwickeln, was Behinderte möchten sollen.

Anders:

Wir vertreten eigentlich die Auffassung, daß Körperbehinderte heute nicht in die WfB gehen sollten. Körperbehinderte haben handicaps, aber deswegen müßte es doch eigentlich eine leistungsfähige Gesellschaft fertig bringen, etwas anderes zu organisieren, als die herkömmliche WfB. Die Technologien werden in Zukunft sicherlich eine ganze Menge von Möglichkeiten bieten, auch schwerkörperbehinderte Menschen Arbeitsplätze zu schaffen. Wir sind im Moment dabei, bei uns in der Werkstatt ein EDV-Dienstleistungszentrum für schwerstkörperbehinderte Menschen einzurichten. Es gibt heute pfiffige Adaptionsmöglichkeiten für körperbehinderte Menschen, so daß diese sogar mit einem Computer arbeiten können. Allerdings kenne ich noch Situationen aus Werkstätten, wo ein Spastiker mit all seinen Problemen im feinmotorischen Bereich in eine kleine Plastiktüte noch Gummiluftballons hineinschieben soll. Wenn man sich mal überlegt, was das für ein ökonomischer Unsinn ist, einen Menschen mit solchen Arbeiten zu beschäftigen, der genauso wie ich in einem Büro arbeiten könnte und dort mit bestimmten Arbeiten beschäftigt werden könnte. Die Werkstätten sind bisher auf diesem Sektor durch die Tatsache, daß überwiegend geistigbehinderte Menschen dort arbeiten, in ihrer ganzen Entwicklung noch weit hinter dem zurück geblieben, was heutzutage möglich ist.

Fritsch:

Die meisten Werkstattbesucher sind neben der Entlohnung durch die Werkstatt zusätzlich auf die Sozialhilfe angewiesen, so daß sie ständig mit zwei verschiedenen Geldgebern kooperieren müssen. Das ist für viele nur schwer durchschaubar. Ich meine, der Gesetzgeber sollte sich überlegen, ob es nicht sinnvoll wäre, für Werkstattbesucher eine Entlohnung, die auch den Sozialhilfebetrag, Wohngeld, Pflegegeld etc. einschließt, einzuführen.

Körper:

Wir haben gesehen, daß die Bereiche Arbeit und Wohnen im Grunde genommen Fragen sind, die von Kostenträgerschaften geprägt sind. Ich denke, es ist notwendig, daß Ziele wie Autonomie oder Selbständigkeit nicht an organisatorischen Schwellen hängen bleiben und nicht an bürokratischen Egoismen scheitern dürfen. Es kommt nicht darauf an, was der überörtliche und was der örtliche Sozialhilfeträger bezahlen muß, sondern daß wir dieses gemeinsam angehen; ich bin der Auffassung, daß in unserer reichen Bundesrepublik diese Fragen nicht an der Kostenfrage scheitern dürfen!

Fritsch:

Ich möchte noch einmal betonen: alles, was man tun kann und muß, unterliegt vor allem der Selbstbestimmung der Betroffenen und niemandem sonst. Dies ist oberstes Gebot. Wenn Sie neue Wohnformen, regionalisierte Wohnformen anstreben, muß eine intakte Infrastruktur vorhanden sein. Da diese hier in der Region sehr lückenhaft ist, muß sie zunächst einmal als vordringliche Aufgabe geschaffen werden, um Hilfe in allen Problemlagen zu gewähren. Dazu gehören Pflege, Krankengymnastik, Beschäftigungstherapie, soziale und psychosoziale Betreuung. Ein verlässlicher Fahrdienst, der, wie ich höre, nicht funktioniert, ist erforderlich. Wichtig sind rehabilitationsmedizinische Dienste, bei denen die Angebotsformen überlegt werden muß. Ich denke, dieses Programm ist in dezentralisierten Tageskliniken zu verwirklichen. Regionalisierte Wohnformen erfordern regionalisierte Hilfen.

Marx:

Ich möchte noch einmal auf den Punkt Pflege bzw. ambulante Dienste zu sprechen kommen; mein Anliegen ist es, daß wir in unserer Region erreichen müßten, einen ambulanten Pflegedienst einzurichten. Ein Dienst, der den Behinderten, die außerhalb der Einrichtung der Diakonie-Anstalten wohnen wollen, es ermöglicht, ohne Zeitungsannoncen zu Hilfskräften zu kommen. Ich gebe zu überlegen, ob ein solcher ambulanter Pflegedienst unter Umständen auch von den Diakonie-Anstalten eingerichtet werden könnte. Auf jeden Fall glaube ich, daß die Diakonie-Anstalten hier in besonderen gefordert sind, es besteht eine umfangreiche Organisation und es sollte möglich sein, zusätzlich zu den bisherigen Arbeitsgebieten auch einen ambulanten Pflegedienst als neuen Zweig einzurichten.

AUTORENVERZEICHNIS

Lothar Bastian

Diplom-Soziologe, Rehabilitationseinrichtung für Körperbehinderte BETHESDA, Bad Kreuznach

Ute Bayen

cand. phil., Psychologisches Institut, Universität Freiburg

Gunther Haag

Prof. Dr., Psychologisches Institut, Lehrstuhl für Rehabilitationspsychologie, Universität Freiburg

Kurt Hoffmann-Rollauer

Leiter der Behinderten-Werkstätten, Diakonie-Anstalten Bad Kreuznach

Rainer Jung

Diplom-Sonderpädagoge, Hausleiter in der Rehabilitationseinrichtung für Körperbehinderte BETHESDA, Bad Kreuznach

Uwe Schiemann

Diplom-Sozialwissenschaftler, Ev. Stiftung Alsterdorf und Universität Hamburg

Matthias Schmidt-Ohlemann

Dr. med., Arzt für Orthopädie und Rheumatologie, Leitender Arzt der Rehabilitationseinrichtung für Körperbehinderte BETHESDA, Bad Kreuznach

Arnoldshainer Texte

Schriften aus der Arbeit der Evangelischen Akademie Arnoldshain

Band 1: Gerhard Marcel Martin (Hrsg.), **Betroffen von Gott.** Beiträge zum Dialog zwischen Theologie und Tiefenpsychologie.
1981. 79 Seiten, Paperback DM 9,80. ISBN 3-88129-407-4

Band 2: Werner Licharz (Hrsg.), **Janusz Korczak in seiner und in unserer Zeit.** Mit einem Vorwort von Erich Dautzenroth und Adolf Hampel.
1981. 184 Seiten, Paperback DM 16,80. ISBN 3-88129-435-X

Band 3: Ulrich O. Sievering (Hrsg.), **Integration ohne Partizipation?** Ausländerwahlrecht in der Bundesrepublik Deutschland zwischen (verfassungs-) rechtlicher Möglichkeit und politischer Notwendigkeit.
1981. 172 Seiten, Paperback DM 16,80. ISBN 3-88129-436-8

Band 4: Werner Licharz/Martin Stöhr (Hrsg.), **Einladung ins Lehrhaus.** Beiträge zum jüdischen Selbstverständnis.
1981. 128 Seiten, Paperback DM 14,80. ISBN 3-88129-462-7

Band 5: Ulrich Sievering (Hrsg.), **Alternativen zur Freiheitsstrafe.**
1982. 106 Seiten, Paperback DM 12,80. ISBN 3-88129-513-5

Band 6: Ulrich O. Sievering (Hrsg.), **Praxisprobleme im Asylverfahren.** Das Recht auf politisches Asyl in der Bundesrepublik Deutschland zwischen Verfassungsauftrag und Verwaltungsaufgabe.
1982. 141 Seiten, Paperback DM 16,80. ISBN 3-88129-517-8

Band 7: Werner Licharz (Hrsg.), **Dialog mit Martin Buber.**
1982. 472 Seiten, Paperback DM 48,–. ISBN 3-88129-521-6

Band 8: Werner Licharz (Hrsg.), **Wie können wir heute verantwortlich von Gott reden.** Mit einem Beitrag von Hermann Dembowski: Gott im Wort.
1982. 294 Seiten, Paperback DM 34,80. ISBN 3-88129-561-5

Band 9: Werner Licharz (Hrsg.), **Heil für die Christen – Unheil für die Juden?** Von der Notwendigkeit des Gesprächs und des gemeinsamen Zeugnisses.
1982. 124 Seiten, Paperback DM 16,80. ISBN 3-88129-568-2

Band 10: Ingeborg Milz/Hedi Steil (Hrsg.), **Teilleistungsschwächen bei Kindern und Jugendlichen.** Ein heilpädagogisches Problem in unseren Schulen.
1982. 232 Seiten, Paperback DM 28,80. ISBN 3-88129-580-1

Band 11: Ulrich O. Sievering (Hrsg.), **Schule und Praxisschock.** Beiträge zur Berufsbezogenheit der Lehrerausbildung.
1982. 244 Seiten, Paperback DM 29,80. ISBN 3-88129-581-X

HAAG + HERCHEN Verlag GmbH · Fichardstraße 30 · 6000 Frankfurt/Main 1

Band 12: Jens Harms (Hrsg.), **Das Multinationale Unternehmen im sozialen Umfeld.** Ökonomische und ethische Aspekte.
1983. 124 Seiten, Paperback DM 16,80. ISBN 3-88129-629-8

Band 13: Martin Stöhr (Hrsg.), **Leben – Zusammenleben – Überleben.** Wirklichkeit und Verwirklichung von Gerechtigkeit und Befreiung, Frieden und Liebe, Schöpfung und Hoffnung.
1983. 137 Seiten, Paperback DM 16,80. ISBN 3-88129-646-8

Band 14: Martin Stöhr (Hrsg.), **Theologische Ansätze im religiösen Sozialismus.**
1983. 123 Seiten, Paperback DM 16,80. ISBN 3-88129-647-6

Band 15: Martin Stöhr (Hrsg.), **Judentum im christlichen Religionsunterricht.**
1983. 168 Seiten, Paperback DM 19,80. ISBN 3-88129-648-4

Band 16: Martin Stöhr (Hrsg.), **Das Erbe der Bekennenden Kirche.** Der prophetische Auftrag der Kirche.
1983. 140 Seiten, Paperback DM 16,80. ISBN 3-88129-599-2

Band 17: Martin Stöhr (Hrsg.), **Abrahams Kinder.** Juden – Christen – Moslems.
1983. 176 Seiten, Paperback DM 19,80. ISBN 3-88129-683-2

Band 18: Ulrich O. Sievering (Hrsg.), **Ökologischer Landbau.** Beiträge zu seinen praktischen und geistigen Grundlagen.
1983. 172 Seiten, Paperback DM 19,80. ISBN 3-88129-704-9

Band 19: Werner Licharz, Anne-Marie Fabian, Rolf Gawrich (Hrsg.), **Dialog mit Polen. Beiträge zur deutsch-polnischen Verständigung, Nr. 1:** 40. Jahrestag des Warschauer Ghetto-Aufstandes.
1983. 106 Seiten, Paperback DM 12,80. ISBN 3-88129-707-3

Band 20: Werner Licharz (Hrsg.), **Leo Baeck — Lehrer und Helfer in schwerer Zeit.**
1983. 200 Seiten, Paperback DM 26,80. ISBN 3-88129-715-4

Band 21: Karl Heinrich Schäfer / Ulrich O. Sievering (Hrsg.), **Ausländerrecht contra Resozialisierung?** Beiträge zur Problematik straffällig gewordener Ausländer in der Bundesrepublik Deutschland.
1984. 190 Seiten, Paperback DM 24,80. ISBN 3-88129-745-6

Band 22: Ulrich O. Sievering (Hrsg.), **Politisches Asyl und Einwanderung.** Die Unterbringung von Asylbewerbern in der Bundesrepublik Deutschland im Lichte von historischer Entwicklung und Menschenrecht.
1984. 240 Seiten, Paperback DM 29,80. ISBN 3-88129-757-X

Band 23: Werner Licharz, Anne-Marie Fabian, Rolf Gawrich (Hrsg.), **Dialog mit Polen.** Beiträge zur deutsch-polnischen Verständigung, Nr. 2: Anstöße zum Lernen.
1984. 148 Seiten, Paperback DM 19,80. ISBN 3-88129-797-9

HAAG + HERCHEN Verlag GmbH · Fichardstraße 30 · 6000 Frankfurt/Main 1

Band 24: Werner Licharz (Hrsg.), **Lernen mit Franz Rosenzweig.**
1984. XVIII, 343 Seiten, Paperback DM 38,00. ISBN 3-88129-817-7

Band 25: Jens Harms, Doron Kiesel, Achim von Loesch, Bernhard Suin de Boutemard (Hrsg.), **Alternativökonomie und Gemeinwirtschaft.**
1984. 160 Seiten, Paperback DM 22,80. ISBN 3-88129-829-0

Band 26: Ulrich O. Sievering (Hrsg.), **Schulrecht — Schulpraxis.** Schule in der Bundesrepublik Deutschland und der demokratische Rechtsstaat als Grenze pädagogischen Handlungsspielraums.
1984. 253 Seiten, Paperback DM 32,80. ISBN 3-88129-837-1

Band 27: Werner Licharz, Anne-Marie Fabian, Rolf Gawrich (Hrsg), **Dialog mit Polen.** Beiträge zur deutsch-polnischen Verständigung, Nr. 3 : Anstiftung zum Frieden.
1984. 127 Seiten, Paperback DM 18,80. ISBN 88129-852-5

Band 28: Werner Licharz, Erich Dauzenroth, Adolf Hampel (Hrsg.), **Janusz Korczak in seiner und in unserer Zeit.** Das Leben gewinnen in der Begegnung mit Kindern.
2., überarbeitete und erweiterte Auflage 1984. 150 Seiten, Paperback DM 16,80. ISBN 3-88129-853-3

Band 29: Egbert Nickel / Ulrich O. Sievering (Hrsg.), **Gewissensentscheidung und demokratisches Handeln.**
1984. VI, 110 Seiten, Paperback DM 16,80. ISBN 3-88129-860-6

Band 30: Werner Licharz (Hrsg.), **Nicht Du trägst die Wurzel — die Wurzel trägt Dich.** Hanna Wolff und die Frage nach einer christlichen Identität.
1985. VIII, 99 Seiten, Paperback DM 14,80. ISBN 3-88129-880-0

Band 31: Werner Licharz (Hrsg.), **Martin Bubers Erbe für unsere Zeit.** Band 1: Ein Textbuch anläßlich des 20. Todestages Martin Bubers. — Einführungs- und Begleitband zum internationalen Buber-Symposium 1985.
1985. XII, 295 Seiten, Paperback DM 28,00. ISBN 3-88129-887-8

Band 32: Werner Licharz (Hrsg.), **Martin Bubers Erbe für unsere Zeit.** Band 2: Dialogik und Dialektik. - Beiträge eines internationalen Buber-Symposiums 1985.
1985. In Vorbereitung. ISBN 3-88129-888-6

Band 33: Werner Licharz / Adolf Hampel (Hrsg.), **Janusz Korczak: Senat der Verrückten.** Eine düstere Humoreske. Deutsche Erstveröffentlichung
1985. VIII, 98 Seiten, Paperback DM 14,80. ISBN 3-88129-893-2

Band 34: Werner Licharz, Anne-Marie Fabian, Rolf Gawrich (Hrsg.), **Dialog mit Polen.** Beiträge zur deutsch-polnischen Verständigung, Nr. 4: Zeitzeugen.
1985. 188 Seiten, Paperback DM 24,80. ISBN 3-88129-894-0

Band 35: Ulrich O. Sievering (Hrsg.), **Arbeitsmigrantenforschung in der Bundesrepublik Deutschland.** Methodenprobleme in der Datenerhebung.
1985. 255 Seiten, Paperback DM 34,80. ISBN 3-88129-914-9

Band 36: Hans-Hermann Henrix / Werner Licharz (Hrsg.).
Welches Judentum steht welchem Christentum gegenüber?
1985. 129 Seiten, Paperback DM 19,80. ISBN 3-88129-924-6

Band 37: Martin Stöhr (Hrsg.), **Zur biblischen Begründung sozialethischen Handelns.**
1985. VI, 50 Seiten, Paperback DM 10,80. ISBN 3-88129-929-7

Band 38: Werner Licharz (Hrsg.), **Lernen und Lehren im Jüdischen Lehrhaus.**
1985. VIII, 90 Seiten, Paperback DM 16,80. ISBN 3-88129-939-4

Band 39: Hans-Georg Link / Martin Stöhr (Hrsg.), **Der Herr des Lebens.** Jüdische und christliche Interpretationen in der Ökumene.
1985. VIII, 177 Seiten, Paperback DM 24,80. ISBN 3-88129-951-3

Band 40: Werner Licharz / Peter Lutze / Josef Schädle (Hrsg.),
Mit geistig behinderten Menschen zusammenleben
1985. VI, 60 Seiten, Paperback DM 12,80. ISBN 3-88129-960-2

Band 41: Werner Licharz / Bruno Wilke (Hrsg.), **Juden und Christen.**
Informationen und Unterrichtsangebote für den Religionsunterricht.
1986. VIII, 193 Seiten, Paperback DM 19,80. ISBN 3-89228-040-1

Band 42: Werner Licharz / Manfred Keller (Hrsg.),
Franz Rosenzweig und Hans Ehrenberg. Bericht einer Beziehung.
1986. X, 285 Seiten, Paperback DM 38,00. ISBN 89228-055-X

Band 43: Martin Stöhr (Hrsg.), **Ziviler Ungehorsam und rechtsstaatliche Demokratie**
1986. VI, 134 Seiten, Paperback DM 19,80. ISBN 3-89228-061-4

Band 44: Martin Stöhr (Hrsg.), **Von der Verführbarkeit der Naturwissenschaft.**
Naturwissenschaft und Technik in der Zeit des Nationalsozialismus.
1986. VI, 123 Seiten, Paperback DM 19,80. ISBN 3-89228-062-2

Band 45: Gerhild Frasch/Franz Grubauer/ Doron Kiesel/Fritz-Rüdiger Volz (Hrsg.),
„Geduld, sage ich, eine Abkürzung gibt es nicht“. Gespräche während einer Israel-Reise.
1987. VIII, 191 Seiten, Paperback DM 29,80. ISBN 3-89228–095-9

Band 46: Martin Stöhr (Hrsg.), **Die Erste Reformation.**
1987. VI, 103 Seiten, Paperback DM 19,80. ISBN 3-89228-109-2

Band 47: Ulrich O. Sievering (Hrsg.), **Behandlungsvollzug – Evolutionäre Zwischenstufe oder historische Sackgasse?** Problem Strafhaft – Alternative Sanktionen.
1987. VI, 328 Seiten, Paperback DM 45,00. ISBN 3-89228-110-6

Band 48: Jens Harms (Hrsg.), **Sozialstaat und Marktwirtschaft.**
1987. VI, 199 Seiten, Paperback DM 29,80. ISBN 3-89228-130-0

Band 49: Karl Heinrich Schäfer / Ulrich O. Sievering (Hrsg.), **AIDS und Strafvollzug.**
Möglichkeiten und Grenzen psychosozialer Betreuung HIV-Infizierter in Justizvollzugsanstalten.
1987. VI, 102 Seiten, Paperback DM 19,80. ISBN 3-89228-147-5

HAAG + HERCHEN Verlag GmbH · Fichardstraße 30 · 6000 Frankfurt/Main 1

Band 50: Werner Licharz / Leo Kauffeldt / Hans-Rudolf Schießer (Hrsg.), **Die Herausforderung Manès Sperber.** Ein treuer Ketzer auf der Brücke ohne anderes Ufer.
1988. X, 422 Seiten, Paperback DM 48,00. ISBN 3-89228-182-3

Band 51: Jürgen Seim / Martin Stöhr (Hrsg.), **Beiträge zur Theologie Hans Joachim Iwands.**
1988. VI, 350 Seiten, Paperback DM 48,00. ISBN 3-89228-189-0

Band 52: Albrecht Goeschel / Jens Harms (Hrsg.), **Raumordnung und Sozialpolitik.**
1988. VI, 127 Seiten, Paperback DM 24,80. ISBN 3-89228-232-3

Band 53: Doron Kiesel / Şener Sargut / Rosi Wolf-Almanasreh (Hrsg.), **Fremdheit und Angst.** Beiträge zum Verhältnis von Christentum und Islam.
1988. 176 Seiten, Paperback DM 29,80. ISBN 3-89228-233-1

Band 54: Ulrich O. Sievering (Hrsg.), **Kritischer Rationalismus heute.**
2. Auflage 1989. VI, 268 Seiten, Paperback DM 39,80. ISBN 3-89228-335-4

Band 55: Jens Harms (Hrsg.), **Risiken der Genetik.**
1988. VI, 104 Seiten, Paperback DM 19,80. ISBN 3-89228-249-8

Band 56: Karl Heinrich Schäfer / Ulrich O. Sievering (Hrsg.), **Justizvollzug und Straffälligenhilfe als Gegenstand evangelischer Akademiearbeit.**
1989. VI, 154 Seiten, Paperback DM 29,80. ISBN 3-89228-312-5

Band 57: Werner Licharz / Heinz Schmidt (Hrsg.), **Martin Buber (1878 – 1965).** Internationales Symposium zum 20.Todestag. Band 1: Dialogik und Dialektik.
1989. XIV, 301 Seiten, Paperback DM 48,00. ISBN 3-89228-331-1

Band 58: Werner Licharz / Heinz Schmidt (Hrsg.), **Martin Buber (1878 – 1965).** Internationales Symposium zum 20.Todestag. Band 2: Vom Erkennen zum Tun des Gerechten.
1989. XII, 326 Seiten, Paperback DM 48,00. ISBN 3-89228-332-X

Band 59: Jens Harms / Fritz Rüdiger Volz, **Arbeit und Wirtschaft.** Beiträge zur Ökonomie und Ethik.
1989. VI, 311 Seiten, Paperback DM 39,80. ISBN 3-89228-373-7

Band 60: Matthias Schmidt-Ohlemann / Jens Harms (Hrsg.), **Soziale Netzwerke und Regionalisierung – Perspektiven für Behinderte.**
1990. 124 Seiten, Paperback, DM 24,80. ISBN 3-89228-419-9

HAAG + HERCHEN Verlag GmbH · Fichardstraße 30 · 6000 Frankfurt/Main 1